酒害者と回復活動

松下武志 著

学文社

はじめに

　日本における社会病理研究が歴史的に辿った経過のひとつは，〈物的欠乏〉の研究から〈心の病〉の研究へ相対的に比重を移していったことである．このような研究傾向の推移は，戦後日本の復興過程と重なる．昭和40年代の高度経済成長が研究内容の質的転換の契機となっている．この時代，国民の多くが赤貧洗うが如しといった絶対的貧困から開放される方向に向かった．しかしわれわれがちょっとした小金持ち，小物持ちになっていく過程において払わねばならなかった代償のひとつが〈心の病〉だった．その意味では戦後復興の代価はけして安いものではなかった．

　昭和50年代に，筆者は貧困や犯罪に関心を持っていた．たまたま生活保護者の実態調査をしていた折に，島根県福祉課の担当者の紹介で，島根県八束町にある救護施設「新生園」をインタビュー調査で訪れた．この施設の入園者は，原則的にすべて生活保護受給者であった．そのときに新生園の実務面の責任者として応対していただいたのが，後に全日本断酒連盟第3代理事長になられた井原利氏であった．ちなみに私は生活保護者の社会復帰，つまり再就職問題について資料収集と聞き取り調査をしにいった．そしてこの施設入居者の再就職率はかなり厳しい数値であることに驚いた．またこうした事実は新生園に入居している生活保護者が全員アルコール依存症者であることと強い関係があることを知った．筆者が酒害者の研究に足を踏み入れるようになったのはその頃からであった．

　戦後日本における社会病理研究の蓄積とそこから引き出された

数々の知見を踏まえると，貧困や非行・犯罪研究の延長線上に〈心の病〉としてのアルコール依存症問題を感知することはそれほど難しいことではなかったかもしれない．社会病理研究において鋭敏な感性が果たす役割の重要性を改めて考えさせられる．

　筆者自身の生活史が，良い意味でもまた悪い意味でも，戦後日本の復興の縮図の一端を反映していた．筆者の研究関心が，〈物的欠乏〉から〈心の病〉へと推移していったことは，終戦直前の昭和 19（1944）年に生を受け，戦後復興期に青少年時代を過ごした時代的背景と強く関係していたし，戦後日本の社会構造の特徴変化と轍を一にしていた．こうした時代的制約や条件を超えて，社会病理の所在の推移を見越す透徹した知性を磨き上げる必要性を痛感する．

　酒害者の研究をしている過程で私が出会った人びとの中には，素敵で，魅力的な人が少なくなかった．彼らの多くは断酒会員であり，酒を断とうと必死で戦っている人たちだったからであろう．あるいは筆者がアルコール依存症の発症期，ないし展開過程にいる人たちよりは，それからの回復過程にある人たちとより多く接してきたからかもしれない．研究者である自分の方が，彼らよりだいぶ安閑とした生活を送っているなと思わされた経験は1度や2度ではなかった．アルコール依存症の最悪期をもひっくるめて患者の全過程と向き合わねばならないアルコール医療の専門医たちはアルコール依存症者について筆者とはまた別の感慨をお持ちかもしれない．

　アルコール依存症である患者を酒の直接の被害者とすれば，その家族，つまり彼らの親，妻（時には夫），子供たちは間接的な

酒害者といえる．彼らは医学や精神分析学，心理学等の学問領域では共依存やアダルトチルドレンといったマイナス側面が注目されがちであるけれども，筆者が面談した家族たちの中には患者本人にまけず劣らず素敵で魅力的な人が多かった．彼，彼女たちは，共通してしっかり者で，太っ腹であった．あるいはそうならざるをえなかったといったほうが良いのかもしれない．もちろん本書の中で述べるように，直接的であれ，あるいは間接的であれ，酒害者は劣等感や孤独感に苛まれる一面を持った人間でもある．筆者は彼らのそうした側面にも人間らしさと親しみを感じた．

　日本の社会病理研究にアルコール依存症問題が登場したのは，それほど古い話ではない．大橋薫等による『アルコール依存の社会病理』(1980) がその嚆矢といえよう．その後，野口祐二『アルコホリズムの社会学』(1996)，清水新二『アルコール関連問題の社会病理学的研究』(2003) など優れた社会学的アルコール依存症研究が公刊され，今日に至っている．これら先行諸研究が果たした社会的役割を受け継ぐことによって，拙書が酒害者の回復活動のために何らかの貢献ができれば望外の喜びである．

　なお，本書に実名で登場してもらった断酒会関係者の敬称は省略させていただいた．ご寛恕願いたい．

2007 年 2 月

著　　者

目　次

第1章　今日の断酒会活動の課題　1
　第1節　日本型自助組織としての「全日本断酒連盟」　2
　第2節　断酒会と医療・行政機関との関係　3
　第3節　組織・運営原理としての開放性と匿名性　7
　第4節　断酒活動における家族・妻の役割　13

第2章　自助集団の分化と統合　23
　第1節　先行諸研究と本章の分析意図　23
　第2節　問題の所在　24
　第3節　断酒会の創設と発展過程　25
　第4節　組織の発展と対立の芽　28
　第5節　組織の分裂と医療・行政関係者たちの反応　34

第3章　現代日本におけるアメシスト研究の動向　45
　第1節　アメシスト問題への注目（1970年代）　46
　第2節　批判的見解の提示とアメシスト研究の進展
　　　　　（1980年代）　48
　第3節　アメシスト研究の新たな動向（1990年代）　54
　第4節　アメシスト研究の今後の課題　61

第4章　酒害者の「イメージ」と「自立」の問題　67
　第1節　「イメージ」改善運動の根拠　67
　第2節　「自立」の多様な実態　69

第3節　イメージの修正とアイデンティティの確立　　　　73
　第4節　アルコール依存症からの回復過程に関する
　　　　 社会学的モデル　　　　　　　　　　　　　　　　76
　第5節　社会的啓蒙活動とアイデンティティの確立　　　　81
　第6節　援助活動と「自立」の問題　　　　　　　　　　　92

第5章　酒害者における「甘え」と「自立」　　　　　　97
　第1節　酒害者の2つのイメージ　　　　　　　　　　　　97
　第2節　断酒会組織の開放原理と「自立」した会員像　　　98
　第3節　家族ぐるみの例会参加　　　　　　　　　　　　101
　第4節　アメシストと「自立」問題　　　　　　　　　　105
　第5節　「女性役割」回復の陥穽　　　　　　　　　　　107

第6章　単身酒害者における回復活動の歴史と現状　　111
　第1節　単身酒害者に対する社会的評価　　　　　　　　111
　第2節　断酒会における単身酒害者の位置づけ　　　　　113
　第3節　「グループ・シングル」発足の歴史と経緯　　　115
　第4節　単身酒害者と幹部登用方式　　　　　　　　　　120
　第5節　シングルのスローガン〈性を語ろう〉を
　　　　 めぐる問題　　　　　　　　　　　　　　　　　123
　第6節　単身酒害者の回復過程に関する修正モデル　　　129

第7章　アルコール政策の変容過程　　　　　　　　　135
　第1節　全断連と酒類自動販売機撤去問題　　　　　　　135
　第2節　酒造・小売酒販業界の対応　　　　　　　　　　139

第3節　政治集団の対応　　　　　　　　　　　141
　　第4節　アメリカ禁酒法の教訓　　　　　　　　144

第8章　高齢社会とアルコール依存症　　　　　　147
　　第1節　高齢社会とは　　　　　　　　　　　　147
　　第2節　現代日本と社会的規制の弱体化　　　　150
　　第3節　日本文化の変質と断酒行動　　　　　　153
　　第4節　高齢酒害者と回復への一般モデル　　　158
　　第5節　高齢酒害者と回復への3位相　　　　　165

事項・人名索引　　　　　　　　　　　　　　　　　175

酒害者と回復活動

第1章

今日の断酒会活動の課題

　本章は，筆者が参加する機会を与えられた1982年以降の全日本断酒連盟（1962年結成：通称「全断連」）の全国大会，およびその加盟団体である宮城，京都，大阪，広島，島根等の各都道府県断酒会が主催する各種の研修会，例会，専門家会議等で得た資料や見聞，さらには断酒会会員とのインタビュー等を素材にして，断酒会が直面している諸課題に関して，筆者の見解を素描的にまとめたものである．

　まず第一に，医療，行政機関との関係においては，それらのイエスマン的役割から脱却し，断酒会の自主性，主体性をもっと強化していく必要がある．そのためには，酒害相談等における断酒会会員の問題処理能力を高め，医師や機関スタッフの信頼を獲得しなければならない．

　第二に，断酒会の組織・運営の原理は，原則として開放性，公開性に基づくとしても，今後社会状況の変化に応じて，匿名原理をその補助的手段として採用していく柔軟性を持つべきである．

　第三に，断酒会は今後，妻やその他の家族がいない人たち，あるいはいてもその人たちの協力が得にくい人たちに対して，そうした条件を前提とした断酒対策を打ち出す必要がある．

第1節　日本型自助組織としての「全日本断酒連盟」

　アルコール依存症に関する体系的な社会病理学的研究は，1970年代後半に大橋薫によって初めて手掛けられたといってよいかもしれない．[1] その研究はその後，清水新二，波田あい子，吉兼秀夫等によって引き継がれ，今日より科学的で専門的な水準にまで高められている．[2] 本章はそれらの先行諸研究を重要な導きの糸としている．

　本書において断酒会という場合，特に断りがない限り全断連加盟下の断酒会を指す．改めて断わるまでもないが，日本においては，全断連に加盟している断酒会だけが断酒活動を行っているわけではない．例えば，A・A（Alcoholics Anonymous）[3]は断酒会より古い歴史と伝統を持つ有力な断酒活動グループであるし，その他にも様々な自主的な断酒団体が存在している．しかし，全断連がそれらの中にあって会員数，例会頻度などいくつかの観点からみて，現在日本において最も大きくかつ活発な断酒活動を行っているグループである．そしてこの組織は，A・Aの断酒原理を参考にしながらも，それを日本的文化に適合させ，独自の自助組織に作り上げている．そうした意味で本書では日本の酒害者の回復活動を考察するにあたって，考察対象の中心を全断連加盟下の断酒会においている．

第2節　断酒会と医療・行政機関との関係

　酒害者の数が増大傾向にある一方で，精神科病棟ないしアルコール病棟のベッド数はそれに対応して増えているわけではない．したがって，地域における酒害相談や社会復帰訓練施設での自立援助など，断酒会が医療・行政機関と協力して果たすべき役割はますます増大してきている．

　特に，病院を退院した後の患者のアフターケアはそのほとんどの部分を地域断酒会が引き受けることになる．そのことは，断酒会に対する医師や医療機関スタッフからの期待と信頼の厚さを示すものといえよう．それだけに，断酒会の責任もまたきわめて大きいといわなければならない．

　ところで，個々の断酒会会員の生活史をさかのぼった場合，医師は自分の命を救ってくれた大恩人であり，医療機関の職員についてもほぼそれと似た意識でとらえられることが多い．また福祉事務所や保健所等の職員に対しては，自分や家族のことでお世話になったり，迷惑をかけたりしたという感情がついてまわる．

　もちろんそれらは人間の本性に根ざした望ましい意識や感情のひとつである．こうした意識を持たない患者も希ではないことを思えば，退院後もそうした気持ちを持ち続けていること自体，その人の人間としての良質さを示す証しといえるかもしれない．

　他方，こうした意識と感情は，断酒会に期待されている役割を遂行し，その責任を果たしていくという観点からみると，時と場合によっては断酒会の弱点に転化する危険性も内包している．

自ら酒害の体験を持つ現役の医師や行政機関のスタッフは別として，一般に彼らは酒害を体験としては知らない．これに対して断酒会員は全員酒害の体験者であり，かつそれの克服途上にある人たちである．この点が両者の決定的な違いであり，また断酒会の独自な特性や役割もその点に求められる．

　断酒会会員は酒害相談や社会復帰のための援助活動において，酒害者のために積極的に行動しなければならない．そのためには会員は常時医師や様々な機関のスタッフと連絡を取り合い，また必要な指示を仰ぐ必要がある．しかしそのことは，断酒会会員が医師や機関スタッフの単なるイエス・マンであることを意味するものではない．前者と後者は立場が違う．したがってまた果たすべき役割も違う．

　新しい酒害者が医師や機関スタッフに相談する内容と，断酒会の先輩や同輩会員に相談する内容とは，時に一致することもあるが，通常は異なる場合が多い．会員は相談内容が医師やスタッフの領域に属するものなのか，あるいは断酒会会員の領域のものかを適切に判断し，前者であればそちらにまわすなり，あるいは必要な指示を仰がなければならない．後者の場合には，会員はただちに自分たちの貴重な体験や見聞に基づき，必要な助言や援助を積極的かつ独自に行うのが望ましい．そうすることが会員としての責任を果たす道でもある．

　実際のところ，医師やスタッフも酒害者の生活問題の細部まではフォローアップしきれないところがある．したがってこうした領域の問題を断酒会が独自にかつ迅速に処置することに関しては，医師やスタッフに何の異存もなく，むしろそれをこそ望んで

いるのである．

　もし問題が起こりうるとすれば，それは医師や各種機関スタッフの領域と断酒会の領域との双方に関係するような問題，あるいはどちらでも扱えるような問題の処理をめぐってであろう．例えば双方が参加する各種大会や研修会の持ち方，運営の仕方をめぐる問題，あるいは退院後の生活習慣や生活態度のあり方をめぐる問題，さらにはまた生活保護の受給に関連して，酒害者が退院後，就職する際の時期や職の内容に関する判断の問題などが考えられよう．

　双方の領域に関係する問題は，あらかじめ両者の間に合意され，明文化された要項や基準があればそれに従って処理し，それがない場合でも長く行われてきた慣行があればそれに依拠すればよい．またこの領域において，まったく新たに生じた事柄に関しては，その都度双方が協議して対処すればよい．いずれにせよ両者は立場や役割の違いを相互に認め合った上で，なおかつ対等な協力関係を組みつつ事にあたらなければならない．双方の領域に関係する問題の処理にあたって，断酒会員は医師や機関職員の単なるイエス・マンであってはならない．無用の遠慮はかえって医師たちの期待に反することになる．そしてなによりも会員のそうした態度や対応は，断酒会の自主性，主体性の弱体化をもたらすからである．

　退院後の正しい生活習慣の形成に関する助言や援助などは，スタッフ，断酒会いずれのサイドにおいても可能である．どちらでもやれるものならば，断酒会は進んでそれらの問題をとりあげればよい．断酒会員が医師や機関スタッフの信頼を得ている限

り，そうした行動は後者も大いに歓迎するところなのである．会員はそうした問題に数多くかかわり，様々な経験を積むことを通じて問題を解決する能力を向上させることができるのである．

もちろんこうしたケースにおいても何らかのトラブルが生起することはある．例えば，会員が行った普通の社会人としての生活習慣形成のための助言や援助行動に対して，医師やスタッフ等から「あそこまでやるのはどうだろうか」とか「やり方がちょっと一人よがりではないだろうか」といったクレームらしきものが出る事もある．しかしよく考えてみれば，これらのクレームの大半は，活動のやり方についての注文であって，活動することそのものがいけないといっているわけではない．

こうした批判や苦情は，医師やスタッフと断酒会とのコミュニケーション不足に由来することが多い．断酒会としては，前者との連携を絶えず密に保つよう心がけると同時に，それらの批判を前向きに受け止めて，断酒会員の問題処理能力を高めるための糧にするのがよいであろう．

確かに，「断酒会が酒害相談を担当するのは果たして適切なのだろうか」といった疑問が一部にあることは事実である．こうしたラディカルな疑問に対して，断酒会はせっかちに解答を出そうとしてはいけない．むしろ逆に，個々の会員が問題解決能力を着実に高め，医師やスタッフからこれまで以上の大きな信頼を獲得していくことによって，じっくりと答えていくのが賢明な道ではなかろうか．

第3節　組織・運営原理としての開放性と匿名性

　日本の断酒会は会員相互においてはもちろん，ほとんどが非会員である地域住民に対しても，開放原理に基づいて会の組織・運営を行っている．断酒例会には，家族ぐるみで参加するのが通例であるので，会員は個々のメンバーや家族の経歴，身上について相互に熟知し合っている．非会員である地域住民もオブザーバーとして例会に自由に参加できる．したがって地域住民は会員やその家族の経歴，身上を知ることができる．

　全断連とは別の断酒グループであるA・Aなどは，匿名原理に基づいて会の組織・運営を行っている．A・Aが1930年代にその結成の地アメリカにおいて匿名原理を採用した理由は2つある．第一は，組織活動の諸結果を特定の人やグループの功績や責任にしないためである．そうすることによって，組織内での分派，内紛，対立抗争を避けようとしたのである．第二に，社会には酒害者に対する強い偏見とレッテル張りが存在する．それに対する防衛策として，本人が名を名乗るのを避けたのである[4]．

　日本の断酒会が，A・Aのような匿名原理ではなく，開放原理に基づいて活動を展開するに至ったのにはそれなりの日本的な理由があった．日本の文化にはタテの序列を重んじる歴史と伝統があり，断酒会もその発足の当初から，会長，副会長，会計等，責任分担を明確にした上で組織活動を行った．全断連活動の初期の拡大と充実は，その過半を初代会長松村春繁の個人的な魅力と力量に負っていることは今日衆目の一致するところである．彼が大

野徹（第二代全断連会長）等とともに全断連を設立した当時は，これに加盟した断酒会は東京と高知の2つだけであった．[5] そうした状況の下で彼は全国に断酒会を設立するために日本中を行脚してまわった．こうした行為は松村のユニークな個人的信念と情熱に発するものであった．当時あまり実現性の高い活動とは思われていなかったが，2，3年後に断酒会が全国各地に設立されると，その栄誉の過半は彼が一身に受ける事になった．しかし，彼の方針のユニークさゆえに，その成果に伴う栄誉の配分をめぐって断酒会内部に内紛や抗争が起こることはなかった．

　断酒会の草創期にあって，多くの困難を抱えていたにもかかわらず，全断運の運営が比較的スムーズに行われたことに関しては，松村，山根，大野など当時の全断連幹部の人的組み合わせが妙を得ていたとも考えられよう．同時に組織におけるタテの人間関係を尊重する日本文化の特徴が断酒会組織にも少なからず反映していた面もあろう．いずれにせよA・Aは属人主義の弊害を恐れて匿名原理を採用したが，日本の断酒会はそれとは別の原理に基づくことにより，結果的に属人主義のメリットを享受することができた．すなわち，断酒会は松村の持つカリスマ的威光を断酒会発展のエネルギーに転化したのである．

　断酒会が開放原理を採用したのは属人主義とのかかわりではなく，むしろ酒害者についての社会的偏見やレッテル張りに対する断酒会としての対応の仕方に関係してであった．

　社会には，酒害者は「怠け者」といった偏見や，酒害者は立ち直れないといった固定観念が根強く存在している．医師の目からからみれば，アルコール依存症は病気であり，病気は治療しなけ

ればならず，また治療すれば回復が望める病気である．医師でなくともアルコール依存症について正しい認識を持っている人にとっては，そのことは常識になっている．しかし社会全体としてみた場合，現在ではそうした認識を持っている人はまだ少数にすぎない．

　ではどうすればよいのか．ひとつの道は社会の偏見とレッテル張りに対する防衛策として，本人の名を明らかにしない匿名性を組織運用の原理として採用することである．この場合，会の運営も社会に対しては閉鎖的に行われる．A・Aはこの道を選択した．

　これに対して日本の断酒会は別の考え方をした．一口に酒害者といっても様々な段階があり，例えばアルコール依存症にややなりかけている人，今アルコール依存症の真っ只中にある人，現在アルコール依存症から回復しつつある人など多様である．一般にアルコール依存症についての偏見は前二者のタイプを基に形成されており，これに対して断酒会会員には最後のタイプの人が多い．特に断酒歴の長い幹部や熱心な会員たちは，自分たちが真剣に過去を反省し，将来の生活設計を真面目に模索している人間であることを社会の人びとに知ってもらいたいと切望している．もし会員のプライバシーを守るために断酒会を地域に対して開放しないとなると，結果的に酒害者は「意志薄弱者」といった地域住民が持つ偏見を放置しておくことになり，それを認めたのと等しい効果を生み出してしまう．かつては後ろ指を指されるような生活をしていたとしても現在はそうではない．今は静かで落ち着いた，そして時には自信と誇りに満ちた生活を送っているのであ

る．そのことを一般の地域住民に知ってもらう必要がある．

したがって酒害者が立ち直るためには，単に酒害者個人の心の持ち方を改めるだけにとどまるのではなく，酒害者を取り巻く周囲の人たちの偏見を改め，それを取り除くための取り組みを同時に行う必要がある．「百聞は一見にしかず」であり，自分たちの過去の姿ではなく，現在のあるがままの姿を知ってもらうのがなによりの良策である．そのためには断酒会を地域に向けて開放しておかねばならない．

また，アルコール依存症についての偏見を打破するために，社会に向かって働きかけるといっても，断酒会単独での力には自ずと限界があり，どうしても地域リーダーとしての医師や関係機関スタッフの助力と援助を仰がなければならない．しかしその前提として，まず断酒会自身が一致して事にあたれるような内部的団結力を保持していなければならない．それでこそ初めて前二者と対等な強い対外的活動力を持ち得るのである．そのためには会員相互の間に活発なコミュニケーションが行われなければならない．

日本の断酒会は，会員が多くの秘密を持ちつつ寄り合うよりは，お互いが隠し立てのない，いわば裸のつきあいをすることによって，強い連帯意識を持ち合うことができ，その結果として断酒という共通の生活目標を一体となって追求できると考えた．会の内外で，自らの氏素性を明らかにした生身の人間同士の掛け値のない真剣なやりとりがなされる会であってこそ，初めて会員の高い忠誠心と帰属意識が確保される．こうした全断連の方針がその後の日本における断酒会活動の目覚しい発展の基になったので

ある.

ところで,最近こうした全断連の基本方針とはやや主旨を異にする断酒会の組織化の動きがいくつか生まれている.例えば波田等の報告によれば,そのひとつは「本人会」と呼ばれる男性酒害者本人だけによる少人数の例会で,東京周近で散発的に始まっている[6].特に家族ぐるみの協力を得にくい層がメンバーの主たる担い手になっている.この会はメンバーを本人に限定した閉鎖的組織であり,会の開放性,公開性をメンバー間の小範囲に限定している.そのためにかえって本音が自由に語り合える利点をもっている.

また,「アメシスト」(Amethyst)[7]と呼ばれる女性酒害者の会があり,そこでは例会への出席者が女性会員とその家族に限定されている.この会は「アメシスト部」として全断連の各都道府県断酒会の一部に包含されていることもある.この場合には会の半閉鎖性は段階的,過程的措置としての意味合いが強く,最終的にはこの会の例会も,一般例会のように公開性をとれるよう成長することが期待されている.しかし,女性酒害者の会が病院内断酒会として地域断酒会からは独立して活動しているケースも存在する[8].この場合には最終的に会の公開性を目指すのではなく,会員のプライバシー厳守が最大の原則になっている.こうした運営上の特色が女性酒害者の組織化を促進し,かつ断酒継続という治療効果を挙げている例もある.

また研究者サイドからの問題提起として,断酒会が会の内外に対してともにオープンである必要はないのではないかという指摘もなされている.すなわち,断酒会内部においては会員間のオー

プン性は大事であるけれども，こと断酒会の外部に対しては，匿名原理をいかに守っていくかが優先課題になるべきだと主張されている[9]．

　本人会やアメシストの動向は近年の日本社会の構造変化を反映したものであり，今後もこうした傾向は強まるものと予測される．したがって，断酒会の組織や運営の中に匿名性や閉鎖原理を限定的に取り込んでいく必要性は高まっていくであろう．

　だが翻って考えてみれば，断酒会は会の理念としては開放原理を掲げているが，個々の酒害者に対する対応場面において，特に新入会員の扱いにあたっては，かなり柔軟で現実的な対処をしてきたといえよう．すなわち，かれらの持つ匿名性や閉鎖性への要求にも可能な限りの配慮を示しつつ，断酒会活動を展開してきている．そのことはアメシストに対する対応に如実に示されている．

　上述した新たな傾向は，全断連の方針のより柔軟な適用を求めるものであって，その根本的な変更を要請しているわけではない．全断連創設以来26年，約5万人に及ぶ会員を擁する集団を，匿名原理や閉鎖原理によって組織し直すという発想は非現実的であるし，またその必要もない．

　公開性と匿名性は原理としては相矛盾するが，その適用にあたって2つの原理を相補的に用いることは可能である．使い分け方についての原則を明確にした上で，状況と必要に応じてそれらを使い分ければよい．

　現在使い分け方の原則が確立しているわけではないが，例えば断酒経験が豊かになるのに応じて公開原理により大きな比重を置

くようにするといったことが考えられる．断酒の初段階にある人は，なによりもまず自分の断酒に専念しなければならない．そういう人にとっては，断酒環境が閉鎖的で匿名的であった方が断酒はうまくいくということはあり得るし，また実証経験としてもそうしたケースがたくさん報告されている．これに対して断酒歴の長い人，例えば断酒会のリーダーたちは，会を代表して社会的折衝をしなければならない．交渉事には責任が伴うので責任者が匿名というわけにはいかない．あるいは「酒害の社会的責任」といった主張を社会に向かって展開する場合，主張主体が匿名であったり，社会に対して閉鎖的な集団であったりすれば，その主張はほとんど説得力を持ち得ないだろう．

いずれにせよ断酒会にとっては，断酒活動を実り豊かに進めていこうとするのであれば，あれかこれかの二者択一ではなく，双方の原理が不可欠であることを深く認識する必要がある．

第4節　断酒活動における家族・妻の役割

断酒会はその発足の当初からアルコール依存症を家族ぐるみの病気と捉えてきた．それゆえ，日本の断酒会は大酒を飲んだ酒害者本人だけの会ではなく，ほとんど酒を口にしないほかの家族をもメンバーとして含む〈家族ぐるみの会〉という特徴を持つことになった．

全断連の中で最も歴史の古い断酒会のひとつである高知県断酒新生の記念出版書『断酒会』の中では，断酒例会には家族同伴で出席することがいかに大切であるかが繰り返し強調されて

いる[10]．全断連の現理事長の出身母体である島根県断酒新生会が発行している『幸せへの道』の中でも，家族ぐるみの例会出席が断酒新生への道を切り開いてくれると説いている[11]．その他の断酒会が発行するパンフレット類にもほぼ同様な主張が散見される．

家族ぐるみによる断酒への取り組みという方針は，単に歴史の古い，あるいは活動が活発な1，2の地域断酒会が掲げるユニークな方針といった性格のものではない．それは全断連の方針そのものであり，その傘下にある断酒会はすべてこの原則に基づいて活動している．

この方針は様々な医師の治療実績や多くの酒害者の断酒体験に基づいて提起されたものである．事実これまでに，配偶者ないし家族が依存症者に理解を示し，協力的態度を取った場合，例えば断酒例会にしばしば同伴出席するようなケースでは，高い断酒率がみられるといった報告がなされている[12]．こうした報告は，全断連が掲げている断酒に対する家族ぐるみの取り組みという方針の正当性を追証するものとなっている．

ところで近年，こうした断酒会の方針と最近の社会構造の変化との間にズレが生じてきており，したがってこの方針を見直す必要があるのではないかという指摘がなされている[13]．

確かに，これまでの断酒会においては，配偶者がいる中年男性が量的に多数を占めてきており，その傾向は現在でも基本的には変わらない．したがって会のリーダーシップはこの層が握る確率が高く，断酒会の運営方針もこの層の抱える事情や要求を色濃く反映したものになるのは当然の成り行きであったかもしれない．家族ぐるみによる断酒への取り組みといった方針は，医師による

治療経験の成果を踏まえたものであることは事実としても，それが断酒会の構成上の特徴と深くかかわっていたことも反面の事実であろう．それゆえ家族ぐるみといった場合，実質的には妻の協力・理解がことのほか強く求められたのである．例えばその具体的あらわれとして，断酒例会への妻の同伴出席が期待されたのである．

ところで近年酒害者の中で，女性，単身者，高齢者，若年者等の占める比率が相対的に増加してきている．したがって，それらの依存症者をサポートする協力者の性，年齢も多様化している．つまり協力者としていつも妻がいるとは限らない．それが老親や兄弟姉妹あるいは非親族の専門職員であることもある．

また妻がいたとしても，妻に協力と理解を期待できるような関係にない依存症者も少なくない．妻の協力が得られれば，治療効果が上がることはわかっていても，現実には酒害者は，その協力が得られないまま，断酒生活だけは続けていかなければならないのである．

さらにこの問題を難しくしているのは，現代の日本社会において，若年層を中心に夫婦間における個人主義的価値観が事の善し悪しは別として，予想を上回る速さで定着しようとしている点である．酒害者である夫への協力という点に関して，妻の対応はいくつかのタイプに分けて考えられる．例えば夫は酒害者であり，夫がそうなったことについては自分にもかなりの責任があり，したがって夫の更生のためにはできる限り協力しようといったタイプの妻は少数派である．妻である自分があれだけ何度も注意し続けてきたにもかかわらず，それを無視して勝手に飲み過ぎてアル

コール依存症になったのだから，その責任は自分でとったらよい．夫のためだからといって，現在の自分の生活スタイル（自立型）を，断酒会が期待するような妻の生活スタイル（協力奉仕型）に変えたくはない．夫は自力で立ち直るべきだし，それができないようであれば離婚したいというタイプの妻が少なくない．

最も平均的にみられるのは，夫がアルコール依存症になったことについて，妻の自分にそれほど多くの責任があるとは思わないけれども，妻である以上夫の更生には協力しなければならないと思う．でもせっかく協力してみても，また一からやり直し（断酒の失敗）を二度も三度も一緒にやらされてはかなわない．まして七転び八起きまではとても付き合い切れないといったタイプである．

夫が何をしようが，あるいは夫に何をされようが，妻は黙って夫の後についていく，夫に協力していくといったタイプは，昭和の戦前といえども，また明治，大正の時代に遡っても，それほどたくさん存在したとは想像しにくい．まして夫婦の平等を掲げて出発した終戦後の日本において，こうしたタイプの妻が存在するとしたならば，それはきわめて希なケースであろう．アルコール依存症からの脱却にとって，家族なかんずく妻の協力が不可欠だとすれば，戦後の社会は上述した意味において，酒害者にとってはかなり住みにくい社会になってきているのではなかろうか．

アルコール依存症は，家族ぐるみの病気であるという．そのことの持つ意味は深くかつ重い．家族がみな病んでいるのであれば，それぞれが協力しあい，助け合うのがよい．誰もが心も身体も傷を負い，助けを必要としているのだから．家族ぐるみの病気

は家族ぐるみで治すのが最も自然であろう．断酒会につながったアルコール依存症者の妻の大半は，この道を選択した．

これに対して，ある一部の妻たちは，断酒例会への同伴出席に象徴されるような断酒会的妻像を受容することに抵抗を感じた．アルコール依存症が家族ぐるみの病気であるというならば，自分が病気から治るためには自分が家族であることを辞めればよいと考えた．すなわち別居ないし離婚の道の選択である．それというのも，自分が病気なのは酒害者の家族だからである．家族の一員としてその中に「くるまれている」からなのである．その「くるまれ」から解放されればアルコール依存症から解放されると考えた．

こうした判断を背後から支えているのは，家族の中でほんとうに病気なのは夫であり，他の家族は，少なくとも妻である自分は病気ではないという意識である．

家族ぐるみの病気を家族ぐるみで治すのも1つの方法ではあろうが，それを家族員単位におろして治そうというのが，こうした妻たちが提示したもうひとつの別の方法である．この方法の特徴は，酒害者はまず自分で自分の病気を治しなさい．もし私たちも病気であるというのであれば，私たちは私たちで自分たちの病気を治しますというところにある．それぞれの家族員が相互に自立して病気に立ち向かいましょうという提案である．結果としては，家族全員の病気からの回復を望むけれども，少なくとも全員共倒れにつながる恐れのある道だけは最初から避けておこうと意図するものである．これは最初から，家族全員ないしは酒害者を包含した家族員たちの病気回復を意図した方法ではない．

こうした方法の成功率も真剣に研究する必要があろう．結果としての家族全員の回復率，提案者たち自身の回復率，そして家族員単位におろした場合の酒害者の回復率など，家族ぐるみで回復を図った場合のそれと比較した研究を積み上げていくことは大事なことである．

　ただはっきりしていることは，彼女たちが提示している回復方法は断酒会の立場からは採用しにくい方法であるという点である．なぜならば，第一に彼女たちは病気から回復するために断酒をする必要がまったくない．彼女たちは，常習的に酒を飲むことはないからである．したがって，彼女たちの手元には断酒についてのノウハウが蓄積される可能性はほとんどない．これに対して，断酒会は断酒をしたくて集まってきた人の集団なのである．断酒会に入ってくる人は断酒のノウハウが欲しいのである．第二に，断酒会は酒害者の病気回復にとって必要なものを探し求めている．そしてその中のきわめて大切なもののひとつが，家族ないし妻の協力であると考える．これに対して彼女たちは自分たちが病気から回復するためには酒害者が不必要であるのみならず，むしろできるだけ依存症者との距離の拡大を図ることこそが回復にとって大切だと考えているのである．

　こうした彼女たちの問題提起は，断酒会に対し今後取り組むべき課題を明示してくれている．現代日本の社会構造上に生じている諸変化の中のいくつかは，酒害者が断酒をし，家族の協力を得ようとする際にマイナスに働いている．例えば，女性（妻）の職場進出の増大，男女（夫婦）平等意識の定着，個人主義的価値観（幸福観）の浸透などの諸特徴の進行は，家族の中でも特に妻の

協力を得るのを難しくしつつある．

　断酒会は家族ぐるみによる断酒への取り組みを方針に掲げてきている．家族の中でも特に妻の理解と協力に大きな期待がかけられてきた．そうした方針を掲げ，それに沿って会を運営してきたのはそれ相応の歴史的必然性があったからであり，そしてまたその方針は相当の成果を上げてきたし，現に上げている．大事なことは，現在端緒な形で，あるいはマイナーな部分で生じているが，将来は重要な問題に発展する可能性を秘めた事象をどう先取りし，それにどう対処していくかという点にある．現在の断酒会においては大半の会員は妻やその他の家族の理解と協力を得て断酒継続に成功している．しかし他方では妻やその他の家族がいない，あるいはいても理解や協力が得られないまま断酒努力を重ねてきている人びとが少数ながら存在する．そしてこうした事態は今後確実に増大していくと考えられる．

　もしかりに，断酒会がこうした将来の事態を冷静に見据えることなく，ただこれまで成功を納めてきた家族ぐるみの例会出席といったスローガンを掲げ続けるだけでは，この先大きな困難に逢着することになるであろう．すでに断酒会会員になっていても，妻やその他の家族がいない人，いても協力を得るのが難しい人たちにとっては，家族ぐるみによる取り組みの単純な強調は，少なからざるストレスをもたらさずにはすまないだろう．

　まだ断酒会会員になっていない酒害者で，それと同様の事情を抱えた人の場合には，断酒会が家族ぐるみの方針を強調すればするほど，断酒会への入会をためらうか，あるいは家族ぐるみをそれほど強調しない別の断酒グループに入会することも予測され

る．

　断酒会はこうした事態は避けなければならないし，また避けることができる．そのためには断酒会は，第一に，妻やその他の家族の協力が得られなくとも一定の断酒効果があがる治療法を模索する必要がある．第二に，妻の協力を得ることが大切だと力説するだけではなく，どうしたら妻の協力が得られるようになるのかについてのノウハウを集大成しなければならない．

　もちろんこれらの作業は口で言うほど簡単なことではない．断酒会が単独でこの課題に取り組むのが適切かどうか議論の余地もあろう．これまで断酒会を側面から援助し，育て上げてきた医療関係者や各種行政機関のスタッフたちの助言や協力を求める必要があるかもしれない．

　しかし基本的には断酒会は，それらの治療法を編み出すための素材を，これまで積み上げてきた例会や研修会の実績と経験の中に山ほど持ち合わせているのである．単身者等の治療効果の向上，妻の協力獲得という視点に焦点を絞って，これまでの例会，研修会，各種学校，大会の経験を集中的かつ体系的に整理し，学習し直すことが是非とも必要である．

　実際，断酒会の中には妻やその他の家族がいない酒害者はたくさんいる．彼らのうち，かなりの人たちが断酒を続けている．同様に妻などの協力が得られないまま断酒を続けている人も少なくない．彼らが酒害者である限り，そしてそこから脱出しようと望む限り，妻がいないからといって，あるいは妻の協力が得られないからといって，断酒生活をやめるわけにはいかないのである．こうした冷厳な事実は断酒会が新たな方針や提案を行う際に，き

っと豊かな素材を提供してくれるであろう．

【注】

1) 大橋薫編『アルコール依存の社会病理』星和書店　1980．
2) その代表的な論文を挙げておく．
   清水新二「精神障害と社会的態度仮説の実証的研究——アルコール症の場合」『社会学評論』第40巻　第1号　1989．
   波田あい子・斎藤学「断酒団体の現況」『臨床精神医学』第12巻　第12号　1983．
   吉兼秀夫「アルコール依存症発生の諸要因とその連携構造」『明治学院大学社会学研究科　社会学専攻紀要』2　1978．
3) 匿名酒害者の会の略称，1935年アメリカで成立．1975年日本で本格的に活動開始．A・Aについては次の本に簡単な紹介がなされている．
   『断酒会・依存より創造へ』高知県断酒新生会　1983，483-498頁．
   またA・Aに関する基本文献等については波田あい子，前掲論文を参照のこと．
4) 清水新二「匿名性と組織防衛——断酒会の内と外」『アルコール医療研究』第3巻　第4号　1986，285頁．
5) 全日本断酒連盟『躍進する全断連』1989，4頁．
6) 波田あい子，前掲論文，1512頁．
7) アメシストとは通常「紫水晶」を指し，2月の誕生石として知られている．この言葉の語源はギリシア語のAMETHYSTOS（泥酔から守る）にある．ギリシアの伝説によると酒神バッカスは，道で最初に出会った人を自分がいつも連れている虎に餌として食べさせることにしていた．ある日たまたま最初に出会った人間がアメシストという名の女性であった．虎に追われてその餌食になりかけたとき彼女が神に命乞いをすると，彼女の体は純白の石に変わってしまった．それを哀れに思ったバッカスが手にしていた葡萄酒をその石に注ぐと，紫色に輝く石（アメシスト）になったという．こうした言葉の由来を参考にして，全断連はアメシストという名称を女性酒害者の呼称として用い

ている．西日本アメシストの会編『アメシストたちの物語』土佐出版　1989，Ⅰ頁．
8)　こうしたケースの詳しい内容については次の論文を参照．
　　松下武志「島根における断酒会活動の歴史と現状」『島根大学法文学部文学科紀要』第8号-Ⅰ　1985，156-157頁．
9)　清水新二，前掲論文，286頁．
10)　高知県断酒新生会編，前掲書．
11)　『幸せへの道』島根県断酒新生会編　1989，11-13頁．
12)　例えば，西山正徳「アルコール依存症と家族」斎藤学編『アルコール依存症』有斐閣　1979，163頁．および下司孝麿「断酒会について」大橋薫編，前掲書，205-206頁．
13)　波田あい子，前掲論文，1511頁．

第2章　自助集団の分化と統合

　本章においては，断酒会活動の興隆と衰退のプロセスを，医療・行政集団，断酒会，断酒会の中のサブ・グループといった諸社会集団間の相互作用に関係づけて分析する．

　特に，断酒会の運営方針を巡って見解を異にするリーダー同士の対立や，彼らに指導されるサブ・グループ間の抗争が集団活動の展開にどのように作用するかを明らかにする．

　また，病院，保健所，社会福祉事務所など医療・行政集団と自助集団である断酒会との相互関係の変化，特に両者の間にある信頼関係の揺らぎが断酒会の機能遂行上にもたらす様々な影響を解明する．

第1節　先行諸研究と本章の分析意図

　先行研究の中にはわれわれの研究と同じ問題意識に基づいた分析は見当たらない．アルコール依存症研究の先導的役割を果たしてきている斎藤学の諸研究では，社会集団の分析は臨床的所見を引き出すための背景的位置を占めるに留まっている[1]．社会学者によるアルコール依存症研究である『アルコール依存症の社会病理』において，断酒会の集団的性格と機能が初めて本格的に論じられだしている[2]．最近になって清水新二が治療集団と家族，断酒会と家族といった集団次元に焦点を当てた分析を進めようとして

いる。[3]

　本章は，集団次元に焦点を置くという点では，清水などの研究と同一線上にあるが，リーダーシップのあり方と集団の盛衰に関心を絞り込もうとしている点に若干の独自性を求めようとするものである．

第2節　問題の所在

　東北地方では酒造りが盛んであり，アルコールの消費量も多い．成人1人当たり酒類消費数量の多い都道府県を挙げると，上位10位以内に上越や東北の諸県がよく顔を出すことが指摘されている（例えば，平成6年度の国税庁統計によれば，新潟県3位，秋田県5位，青森県6位）[4]．一般にアルコール消費量が多い地域には酒害者が多いのが通例である．しかし，こと東北地方に関していえばこの通例はあてはまらないようにみえる．というのも公的統計や断酒会活動の実績からみるかぎり，東北地方は酒害者の数は決して多いほうには入らないからである．では現実に酒害者は東北地方にはあまりいないのだろうか．東北各地の病院や，断酒会支部を調査した限りにおいては，必ずしもそうだとはいえない．

　確かに関東以西と比較した場合，東北にはアルコール専門病院の数が少ない．そして他の地域と比較して断酒会会員の数も少なく，断酒会活動も特に活発だとはいえない．こうしたことの背景には，東北地方にあってはアルコール専門病院が未整備なために，酒害者がアルコール依存症としてよりは，内科疾患や他の精

神疾患の患者として取り扱われている実態がある．さらには病院や断酒会を取り巻く地域住民のアルコール依存症についての偏見や差別意識が根強く残存していることが考えられる．

特に注目しなければならないのは，断酒会の運営方針をめぐる見解の相違が断酒会会員同士の対立と抗争を生みだし，新たな酒害者を断酒会に十分組織化できないひとつの大きな要因になっている点である．

以下，宮城県青葉断酒会の事例研究を通して，アルコール依存症を克服するための自助組織が，その発展過程において生じた内部抗争と組織分裂のために医療・行政関係者の断酒会に対する信頼性に揺らぎが生じ，その結果，医療・行政機関から断酒会への患者紹介が減少し，そのために断酒会の会員数が頭打ちになり，同時に会の活動も停滞していった一連の過程をみてみることにしよう．

そうすることによって，東北地方において潜在的酒害者の掘り起こしが十分に進んでいない要因の一端がこうした事情と深く関係している事実を浮き彫りにしたい．

第3節　断酒会の創設と発展過程

宮城県仙台市にはじめて青葉断酒会が設立されたのは，1975（昭和50）年11月のことであった．初代会長をつとめることになったS氏が断酒会を設立しようと思うにいたったのは，氏が通院していた病院を管轄していた保健所の所員の熱心な勧めと援助によるところが大きかった．この頃は，会長といっても，

会員はS氏のほかには4名しかおらず，ごく小じんまりとした少数メンバーでの船出であった．

ところで，S氏は当時急速に信者を拡大しつつあった宗教集団・S会の熱心な会員であり，断酒会を設立する以前には，酒害の悩みをS会の座談会等でうちあけ，学会員の仲間に相談に乗ってもらっていた．当時S氏が所属していたS会の支部には，いろいろな悩みを持った人が集まってきていたが，酒害の悩みすなわちアルコール依存症で苦しんでいたのは，S氏の他には見当たらなかった．

したがって，その座談会の折にも，お金の悩みや，家族や職場の人間関係の悩みなど，それぞれ悩みを持っているという点ではS会会員はみな共通だが，悩みの種類の違いから生じる座談会の雰囲気に，S氏は若干のもどかしさを感じていた．つまり酒害の本当の悩みは酒害体験を持たない人にはなかなかわかってもらえないのかもしれないという思いを漠然と持ちはじめていたという．

それというのも，当時S会は人間革命を合言葉に，自己自身の価値転換をなし遂げ，さらに折伏(しゃくぶく)行動を通して他者や社会に向かって自己主張を展開しつつあった．つまりその行動は自己を見つめなおす，内省するといった内部に向けた志向性を持つと同時に，相手を説き伏せて自分たちの信仰集団に入会させるという激しい外部へ向けた志向性をも有していた．しかし，この当時S氏が望んでいたことは，他者の折伏よりは自己の心の奥をみつめる内省であった．そこでS氏は，酒害の悩みを共通に持つ者同士の集まりを作ればそうしたもどかしさは解消するのではないか

と考えた．もし先述した保健所員の熱心な勧めが断酒会設立の外部要因だとすれば，こうしたＳ氏の心の悩みは，氏が断酒会創設に踏み切るに至った内部的要因であるといえよう．

もちろんＳ氏は断酒会を設立して以後も，依然として熱心なＳ会の信者であり続け，その座談会にはできるだけ参加を続けたのであった．つまりＳ氏はＳ会の座談会の内容や運営に根本的に不満で，それゆえにそこを飛び出して断酒会をつくったというのではなかった．むしろ氏の当時の気持ちとしては，Ｓ会支部の活動と青葉断酒会の活動とが無意識のうちに重なり合っていたと考えられる．

したがって断酒会設立初期の例会の運営や内容は，実質的にはＳ会の座談会方式の影響を色濃く反映していた．このように，創設期の青葉断酒会は熱心なＳ会の会員である初代会長Ｓ氏のリーダーシップのもと，少なからず特定の宗教色を帯びながら滑り出した．

昭和50年から51年にかけては，ほぼ月2回の割合で例会を開催していた．例会場は仙台市のほぼ中央に位置していて，交通の便も良かったなどの理由からＳ氏の自宅を充てた．開催曜日は土曜日にした．それというのも，Ｓ氏自身の失敗経験も含めて，つい酒を口にしてしまうのは次の日が仕事が休みになる前日，すなわち土曜日が多かったからであった．そうした危険を防止する狙いを込めて，例会開催日を土曜日にしたのであった．しかしながらこの時期は会長自身の断酒失敗も含めて，会員みなが失敗の体験をし，少人数の会員同士が助け助けられして，文字通りどうにか命をつなぎ，集まりを維持していたのが会の実状であった．

第4節　組織の発展と対立の芽

　会の創設からおよそ1年後の昭和51年9月，後に青葉断酒会の第二代会長をつとめることになるT氏が入会してくる．T氏は自分がアルコール依存症で通っていた病院の関係者の紹介で青葉断酒会の存在を知った．T氏自身は無神論者で，もちろんS会の会員ではない．氏は当時，仙台では最難関校と目されていた仙台第一高等学校を卒業しているエンジニアであった．またT氏の妻は小学校の現職教師という当時の断酒会においては相当なインテリ夫婦であった．

　草創期における多くの断酒会メンバーの中に見受けられる特徴なのだが，こうした時期には新しい組織を作り上げることへの使命感や義務感を持ったタイプの人びとが必ず存在する．S氏やT氏は人一倍そうした気持ちを強く持ち，かつ両者とも行動力，実行力に富んでいた．S氏とT氏とは，肌合いという点ではかなり違う人間タイプではあったが，最初の頃は両者の歯車がうまくかみ合って，会の運営もスムーズに進行し，会員も順調に増加していった．ちなみにこの年には，青葉断酒会の会員は10名へと増加している．その後組織の整備を行い，会に副会長をおくことにし，S会長のもとT氏は副会長として手腕を振るうこととなった．

　この時期にはT氏の提唱で，青葉断酒会発行の「青葉断酒カレンダー」が作成されている．このカレンダーに盛られている様々な標語（例えば，自分に厳しさのない人は酒癖に打ち勝つこ

第 2 章 自助集団の分化と統合 29

とはできない等）からは，当時の青葉断酒会が目指そうとしている前向きの方向や理念，あるいは意気込みの一端を垣間見ることができる．

さらに同時期に，T氏のイニシアティブのもと，機関紙『青葉』が発刊されている．紙面を通じて全日本断酒連盟の全国大会や地区ブロック大会（東北断酒連合会断酒研修会等）への参加が呼びかけられている．そしてアルコール依存症の克服のために役立つメモや記事が，本，雑誌などからの引用や要約という形で紹介されている．さらには各種の断酒研修会でなされた講演内容が手短にまとめられて掲載されている．また，当該年度の各月の例会案内が記載され，会の責任者，役員等の氏名，連絡先，電話番号など，会員相互のコミュニケーションが円滑に行われるために必要な情報も適宜掲載されている．さらには断酒会会員以外の人びとに向けて，例会に参加してみるよう対外的な呼びかけもなされている．また1年を通じて花見会，サイクリング，芋煮会，忘年会等，青葉断酒会独自の企画が数多く実施されている[5]．

この時代は青葉断酒会にとって，明らかに会の発展期にあった．会の内部には解決しなければならない細かい事柄はいろいろあったにせよ，会員相互のコミュニケーションはうまくいっていたし，会員の団結心や士気も高かった．

昭和56年，青葉断酒会を母体にして宮城県断酒連合会が設立された．この時期の宮城県の断酒会運動は仙台市が中心であり，組織化された支部としては青葉断酒会があるのみであった．もちろん村田町など一部郡部地域や，石巻市などには会員がおり，いわば同好会的な集まりを不定期的に持つことはあったが，支部を

設立するには至っていなかった．むしろそうした会員は不便な中を時々仙台市の例会に通っていたのが実情であった．

確かにこの時期に宮城県断酒連合会が設立されたとはいえ，まだ宮城県における断酒会活動が仙台市という限定された地域から，全県的な広がりを持つようになったというわけではなかった．

そうした中にあって，昭和57年6月には石巻断酒会が発足し，支部増設という貴重な経験を積むことになった．この頃から地元での断酒例会のほかに，全断連の主催による全国大会や東北断酒連合会主催の酒害研修会等への参加が積極的に行われるようになった．

昭和58年，仙台市に根を下ろしていた青葉断酒会は，青葉東断酒会，青葉西断酒会，青葉南断酒会，青葉北断酒会，青葉中央断酒会の5つの断酒会支部に分割されることになった．その理由は，第一に，会員数がおよそ50名と増大したこと，第二に，会員がかなり広範な地域に散在していること，つまり例会会場に集まるのに不便が生じてきていること，第三に，なるべく少人数で会合を持ったほうが例会の内容が充実し，断酒の成果がより上がるというものであった．

創設期の青葉断酒会の活動と比較すると，5支部を設立した時期の青葉断酒会の活動がはるかに活発になったことは事実である．この時期には月1回は宮城県断酒連合会の全体総会があり，さらに各支部では最低週1回は例会が開かれる体制がとられた．さらにまた「わかば会」という名称の家族会も月1回のペースで開催されている．

このように一方では組織の整備，拡充が進んでいき，活動の充実が図られていくが，他方ではこれまで潜在化していた問題が表面化したり，あるいは人的対立の芽が吹き出しつつあった．

　ひとつには先に記したように，特定の宗教を信じることのないメンバーにとっては，S氏の例会運営の仕方に強い宗教色を感じざるを得なかった．全断連の運営方針は特定の宗教信念を会の運営に持ち込まないというのが基本であった．S氏の方は全断連の方針に忠実に従って，非宗教的例会運営をしてきたと考えていたのに対して，特定の宗教を信じていない青葉断酒会会員達の一部には，S氏の例会運営にS会の匂いを強く感じていた．青葉断酒会が団結をさらに一層強めなければならないこの時期に，そうしたことが少なからず会の団結強化の足枷になっていたことは否めない．

　青葉断酒会が宮城県断酒連合会を創設したのは，上部団体である全断連の助言によるものであった．連合会は5つの支部の上に位置し，それらを統括する役割を有していた．しかし，このことが青葉断酒会内部の主導権争いと連動せずには済まなかった．すなわち，連合会の創設にともなってS氏はこの会の会長に就任するのであるが，少なくとも氏の側からすると，宮城県全体の断酒会を大所高所から指導するという形式的立場は強化されたが，連合会の内実を構成し，地域に根を下ろしていた青葉断酒会の日常的運営の実権からは一歩遠ざかり，上部団体の長に祭り上げられてしまったという思いが残ったのである．それゆえ，この上部団体創設と連動した会長人事の決着の仕方が例会運営のあり方を巡ってくすぶっていた組織内部の対立を表面化させる契機となっ

た．

　さらに，青葉断酒会を東西南北の4地区（その後，さらに中央断酒会を加えて5地区）に分割した措置は，その後の青葉断酒会の展開過程からみて，必ずしもプラスの効果のみをもたらしたわけではなかった．たしかに仙台市は地域的に広いので，ひとつの地区に集まるには不便なことは事実である．しかし実態としては，四分割以前にすでに青葉断酒会というひとつの支部名のもとに，例会は複数の幹部の自宅等において分かれて行われていたのである．

　青葉断酒会を東西南北四地区に分割すると，1地区あたりの会員数はおよそ10名程度になる．ひとつの支部の会員数を少なくすると，例会の際に1人当たりの体験報告の割当時間が増大し，一面では例会内容の充実につながることは事実である．しかし他方では，少ない人数のために同一メンバーによる同じような内容の体験談の繰り返しに陥る危険性がある．たしかに月1回本部例会という名の全体例会があり，その折には，違ったメンバーによる違った体験談が聞けるわけであるが，会の分割にともなう会員の少人数化は，例会のマンネリ化をもたらす危険性を合わせ持っていたのである．

　他県の支部断酒会の平均的なメンバー数と比べてみても，一支部当たりのメンバー数が10名前後という数は決して多いほうではない．にもかかわらず青葉断酒会が支部の4分割という方針をとった理由として，青葉断酒会という1支部の名称の下で（主として地域的不便さから），すでに別々に開催されていた例会を名実ともに独立させ，それぞれひとつの支部として認知するという

目的があった．つまりすでに事実上進行していた独立的な例会運営の実態内容にいわば後追い的に会の形を整えたとみることができる．

それと同時に，この分割措置は青葉断酒会の運営方針をめぐり，考え方を異にする複数のリーダーたちによる会員の囲い込み運動といった色彩を帯びてもいた．リーダー同士が会の運営方針を統一化する努力よりは，自分が入会させ指導してきた会員を，自分が信ずるやり方で今後も指導していきたいという願望が，支部の四分割さらには5分割という措置を取ったもうひとつの潜在的意図であったように考えられる．

S氏は連合会会長という立場上，直接ひとつの支部の長にはならずに，自分の腹心的立場にある人物をひとつの支部の長に据え，足元の青葉断酒会の運営に一定の影響力を確保する道を選択した．

T氏はその非宗教的立場と卓越した実務的能力を生かして，青葉断酒会の実質的な運営を取り仕切り，多くの賛同者を確保しつつあった．つまりこの時期，青葉断酒会運営の実権は徐々にT氏が掌握しつつあった．やがてT氏はS氏に代わって宮城県断酒連合会の会長に就任したのみならず，青葉断酒会の中にある5支部のうち過半の支部長を自らの強い指導と影響の下に置いていった．こうしてT氏は名実ともに宮城県の断酒会運動の総指揮を取るに至った．しかしまた，この時期には青葉断酒会北支部長を務めていたH氏が，S氏やT氏に劣らぬ卓越した行動力と実行力を生かして，独自の活動を着々と準備しつつあった．

第5節　組織の分裂と医療・行政関係者たちの反応

　H氏は戦前，日本でも代表的な一流商事会社に勤務するエリートサラリーマンであった．そして戦後は製菓会社の常務取締役をつとめるなど，常に実社会の中で指導的役割の一端を担ってきた．氏は昭和58年に『酒のとりこになって―アル中病棟の一週間』（宝文堂，1983）を，また昭和59年には『酒をやめる方法―断酒のすすめ』（宝文堂，1984）という著書を著している．その意味ではH氏はT氏同様，かなりのインテリであった．そして著書の中に見て取れるように，断酒運動に関しては自己の体験に基づいた独自な哲学と理念を持ち合わせ，断酒会の運営についても強い信念と使命感を持っていた．

　氏の断酒活動は，一方で青葉断酒会北支部に足を置きつつも，他方では東北地方一帯に断酒仲間との広がりを持とうとする志向を強く持っていた．さらには酒害に関する著作活動を通して青葉断酒会の活動を全国的な視野の下で位置づけようと試みた．氏の著作には全国各地の断酒仲間の体験談が収められ，当時の全断連会長大野徹による序文も載せられている．こうした活動は，H氏のそれほど長くはない断酒歴と関係づけてみた場合，青葉断酒会の他のリーダーたちにはやや飛び跳ね過ぎた行動と映ったのかもしれない．それというのもこの時期の断酒会においては，断酒歴の長短が組織内における地位の上下を測る最も重要な物差しのひとつであったからである．

　このようにこの時期青葉断酒会は，一面では会員の増大，組織

の整備，例会活動の活発化といった動きを示しつつも，同時に他面ではリーダー間の軋轢が増大しつつあった時期でもあった．こうした軋轢は，昭和60年，H氏が中心になって例会を運営，指導していた青葉断酒会北支部が，青葉断酒会から脱退，独立することによって極限まで達することになった．

　H氏本人の意図がどうであったかはともかくとして，H氏の支持者たちがH氏の連合会会長就任を期待していたことは確かである．他方，T氏の支持者達は当然のことながらT氏の会長留任を希望していた．そして青葉断酒会にとっては不幸なことに，H氏とT氏の間に入って積極的に両者の調整を図ろうとする人物が幹部たちの中からは出てこなかった．両者が妥協点に近づくチャンスを欠いたまま，客観的情勢としては青葉断酒会各支部の過半がT氏支持に傾いていった．

　H氏は著書の中でも述べているように，地区の断酒会活動を全国的視点から評価，総括し，かつそれを他地域（他県）の活動とできるだけ速やかに結び付けようと試みた．つまり他県の経験を地元に積極的に紹介，導入し，また自分たちの経験を他県の会員に紹介し，交流を図ろうとした．これに対してT氏は，長期的展望としてはH氏の考え方に理解を示しつつも，当面は地元の活動の充実，足元固めを優先させる方針をとった．その結果T氏は，実務的に多くの支部を押さえ，支持を得ることになっていった．

　先述したように，H氏とT氏はいずれも行動力，実行力を持ち合わせ，青葉断酒会の発展のための強い使命感を抱いていた．しかし両者は，経済・社会的地位や来歴を若干異にしていた上

に，断酒についての価値観や断酒会の指導・運営方針についても少なからず見解を異にしていた．S氏とT氏の違い以上に，T氏とH氏との間には距離が存在した．したがって，T氏とH氏の争いは基本的に個人間の争いなのだが，両者ともそれぞれの自助集団のリーダーという地位にあったために，両者の争いは個人間の争いを越えて，なかば必然的に集団対集団の争いに転化せざるを得なかったのである．

T氏をリーダーとする青葉断酒会の主流派は，H氏をリーダーとする北支部のこうした動きに対して，青葉断酒会および宮城県断酒連合会から北支部を除外する措置をとることによって対抗した．その結果，H氏に率いられた北支部の断酒会員たちは，形としては全断連から除外され，全国的な断酒運動から切り離されることになった．それというのも全断連は，各県支部を加盟団体と認める条件として，県の連合会ないしそれに準ずる県の団体がその支部を推薦または認知していることを条件としていたからである．全国的にみると，断酒会の分裂，脱退は必ずしも珍しいことではなかった．全断連が，分裂ないし脱退した側の団体を加盟団体として認めることは，当の分派団体の脱退行動を正当化する効果を与えかねない．そうなると今度は連盟内に留まった側の団体が全断連の方針に不満を抱いたり，従わなくなったりする．

全断連としては，すでに加盟している団体から分裂，脱退した団体は，既加盟団体の推薦ないし認知がないかぎり，新しい全断連加盟団体として認めないという方針をとることによって，各県支部の分裂抗争を防ごうとした．そしてまた，やむを得ず分裂，脱退騒ぎが起きた場合には，全断連が介入して紛争を解決するの

ではなく,あくまで各県の当事者である団体同士で問題を解決することが肝要であるというスタンスを取った.

このような理由のため,当事者である青葉断酒会北支部と残りの各支部との話し合いが幾度となく持たれた.また全断連の幹部たちも両者の仲介の労を取った.にもかかわらず,両者の争いは元の鞘には戻らなかった.

宮城県断酒連合会内部の分裂騒動は全断連にとって,地方支部の自立性の尊重という大方針の維持と,中央司令部の強力なリーダーシップの発揮による支部紛争の解決という相矛盾する難しい課題を突きつけられた形になった.こうした経験は全断連にとって初めてのことではなかったが,こうした事態に対する有効なノウハウを確立するまでには至っていなかった.

ところで,青葉断酒会が設立される以前から,仙台市で酒害者の治療を専門的に扱っていた病院の中に昭和41年,病院内断酒会として宮城県断酒新生会が設立された.しかし青葉断酒会が発展するにつれて,医療・行政関係者たちの断酒会に対する信頼はしだいに厚くなり,宮城県断酒新生会は青葉断酒会に事実上統合され,青葉断酒会の病院内例会として運営されるようになった.そしてこの病院内例会は,青葉断酒会の東,西,南,北,中央の5支部が交替で担当することになった.

実際の運営に際しては,人員等,各支部の抱える事情により,担当負担にばらつきが生じるといったやむを得ない事態も生じたが,ほぼ週に1回のペースで,例えば毎週火曜日といった具合に曜日を定め,午後6時30分から8時まで病院内例会を開催していった.各支部の幹部層がそれぞれ自分の支部の後輩会員を連れ

て病院にかけつけ，これから退院を目指そうとしている院内の酒害者たちにいわば先輩としてアドバイスを与える役割を果たしていた．この時期は，医療・行政関係者たちの断酒会によせる期待と信頼は大きなものがあり，退院患者のアフター・ケアの大半が断酒会に任されていた．

当時宮城県においては，断酒会が酒害者の退院後のアフター・ケアを担う唯一といってよい自助集団であった．したがって医療・行政関係者たちは退院可能な酒害者を断酒会に紹介し送り込んでいた．

しかし，昭和 50 年代の後半から 60 年代の前半にかけて生じた断酒会内部の対立と抗争は，医療・行政関係者たちが断酒会に寄せていた信頼を損なわずにはすまなかった．彼らからみると，この時期の断酒会は酒害者たちのアフター・ケア機関としての役割を脇に置き，権力抗争に明け暮れているように映ったのかもしれない．

その結果，彼らはこれまでのように退院患者の大半を断酒会に預けてきた方針を少しずつ修正せざるを得なくなった．すなわち，退院患者の一定部分を，断酒会とは異なる組織原理に基づいて構成された別の自助組織であるA・Aに推薦，紹介し始めたのである．A・Aはアメリカに起源を持つ自助組織であり，本人だけが参加するクローズド・ミーティングを中心に運営している会で，会員は匿名参加が原則である．断酒会の組織原理が開放性に基づくとすれば，A・Aはそれとは対称的に閉鎖性を組織原理としている．[6]

このように，青葉断酒会は自ら蒔いた種とはいえ，医療・行政

関係者によって集団特性を異にする2つの自助集団へ退院患者が振り分けられることになった．青葉断酒会のリーダー層はもとより，個々の会員すべてが本当に「自助」の力能を持っているのかどうか，集団治療能力を発揮できるのかどうかを医療や行政集団の側から試されることになったのである．

このことは，R.K. マートンの「意図的行為の無意図的結果」ともいうべき要素を内包していた[7]．つまりS氏，T氏，H氏が，それぞれに断酒会のために良かれと思ってした行為（それぞれの断酒会運営方針の提示と実行）が，彼らの主観的意図とは別個に，結果として組織の分裂と医療・行政側からの信頼性に揺らぎが生じたのである．

A・Aに酒害者が紹介されるようになった要因，そしてその結果断酒会の会員数が伸び悩み，断酒会活動が停滞傾向に陥った主たる要因は断酒会の側にあったといえよう．つまりリーダー間の抗争は断酒会側自身が蒔いた種であり，会の発展にとっては大きなマイナス要因であった．そうした対立と抗争が，医療・行政集団側の断酒会に対する不信を生んだことは否定しようのない事実であった．

医療・行政側の判断の中には，患者自身が持つ適性や希望を考慮した上で，集団所属を助言ないし推薦する必要もあったであろう．したがって，青葉断酒会の停滞と混乱の責任をすべて断酒会リーダーたちの行為に負わせるのは適切とはいえない．

ところで，こうした医療・行政側の新たなアクションに対して，自助集団側，特にそのリーダーとしてのT氏が取った対応のひとつは，既存の支部活動を充実させると同時に，新たな支部

を増設することであった．そうすることが停滞に向かいつつある青葉断酒会活動を活性化させる有効な手だてのひとつであるとT氏は考えた．例えば，その後宮城県断酒連合会は，昭和63年気仙沼断酒会を支部として増設した．これは会の混乱が続く中でなんとか各支部体制の建て直しを図ろうとしていたT氏の強い意向と，たまたま前住地の断酒会で活動経験を持っていた会員が，気仙沼市に転入してきたという好条件が合致したことが契機になっている．あらたに転入し新支部長に就任したO氏は，当初は気仙沼市に断酒会支部がなかったために，遠方から仙台市のT氏が指導する断酒会に何度も顔を出し指導を仰いでいた．しばらくして現地の病院の医師と話をしていた折りに，気仙沼市にも酒害者が何人かいることを知らされ，新しく支部を結成することにしたのである．

例会は少人数でかつ集まりやすいようにと，毎月2回，第二，第四日曜日の午前10時から12時までとし，O氏の自宅で家庭例会を開いた．時々地域社会への呼びかけの意味も込めて，気仙沼福祉会館で開催することもあった．こうしてT氏のてこ入れの下にO氏が基礎を築いた気仙沼断酒会であったが，平成5年O氏が仕事の都合で石巻市に転勤になると，支部は開店休業状態に陥ってしまった．つまり支部の会員たちはO氏を共通の絆として相互に結びついていたのであり，気仙沼支部それ自体が組織体としてO氏個人から自立して機能する段階までにはまだ至っていなかった．青葉断酒会の場合もそうであるが，気仙沼断酒会のケースも断酒会活動の盛衰において，リーダー個人の占める地位の重さ，果たす役割の大きさを示しているといえよう．

もちろん，この時期に青葉断酒会に前向きな動きがなかったわけではない．例えば，平成4年8月には，青葉東断酒会から青葉仙塩断酒会が独立している．これは東地区が地域的に広すぎること，仙塩地区の会員が10名に増加してきたこと，そして気仙沼支部の場合と同様に他地区から経験豊かな会員が転入してきたことによる．

ただし，気仙沼のケースとは違って仙塩支部の活動は順調に発展しつつある．さらに仙台市と泉市との合併を契機に青葉泉断酒会も創設されている．また平成4年10月には，青葉断酒会を脱退していった北支部の一部の会員たちが青葉断酒会に復帰し，両グループの和解の試みが一定の成果をあげつつある．組織分裂の際に，連合会内部に留まったグループの人たちが，脱退グループのリーダーの1人であったA氏を，今回宮城県断酒連合会の会長に推挙した点が注目された．これは青葉断酒会の多くの会員たちが，現在の会の状態を分裂以前の状態に戻したいと望む強い意欲の現れであった．

さらに，平成5年の東北断酒連合会の総会において，連合会非加盟の断酒会が東北断酒連合会や全断連の関連行事に参加することを認める決議が全会一致で承認された．これにより，青葉断酒会から脱退していった旧青葉北断酒会のグループが青葉東，青葉西，青葉南等の各支部と同様に，東北断酒連合会や全断連が開催する諸行事に参加できる道が開かれた．このことは，青葉断酒会の分裂の際に残った諸グループが，脱退していったグループを，同じ断酒希求者でありながらこれまで敵対的な集団とみなしていたのを，今後は彼らを同じ断酒仲間として認めるに至ったことを

意味している．こうした動きは青葉断酒会および宮城県断酒連合会の再生と統合に向けた新しい胎動を示すものとして注目される．

旧青葉北断酒会が，いったん元の青葉断酒会に復帰した形で東北断酒連合会や全断連に加盟するのか，あるいは現在のまま独立した別個の断酒会として加盟するのか，今のところ定かではない．

東北地区は仙台市をはじめとして，断酒会活動はいまだ草創期にある．全断連としても，やる気のある会員，経験豊かな転住者等が新しく断酒会支部を起こそうとした場合には，地元の既存断酒会の反対がない限り，基本的に支部増設を認める方針を取っている．こうした全断連の方針は，やる気のあるリーダーたちにとっては新天地を開拓するに際しての心強い支えであり，後ろ盾になるものである．したがって，全断連としても，支部増設が分派活動の拠点にならないような手だてを工夫するなど，適切な管理，指導を行っていく必要もあろう．

これまで述べてきた青葉断酒会の内部抗争の結果は，青葉断酒会の会員数の頭打ちと活動の停滞につながった．そして最終的には以下のような重大な事態をもたらしたことを看過してはならない．すなわち青葉断酒会は平成5年7月，本部例会の休会，理事会の不定期開催，機関紙『青葉』発行延期等を余儀なくされた．いずれの問題も長い間続いてきたリーダー間の抗争と，それに嫌気をさした旧幹部会員たちの脱退などの動きと深く関係していたことは明らかであった．

以上みてきたように，断酒会の支部増設は一方では断酒会運動

の興隆をもたらすが，同時にリーダー間の十分なコミュニケーションを欠いた増設や，準備不足のままの急ぎ過ぎた増設は，不必要に会の内部対立を誘発したり，土台の脆弱な支部の増設に終わることがなきにしもあらずなのである．

　この問題は長期的にみた場合には，単に全断連内部におけるリーダーシップのあり方の問題にとどまらず，医療・行政集団と断酒会の関係，すなわち治療・援助・支援集団と自助集団との関係にも少なからぬ影響を及ぼさずにはおかない．すなわち，断酒会内部での適度な競争は，会の活性化と発展につながるが，過度の内部抗争は会の停滞と混乱をもたらす危険性をも孕んでいる．

　もちろん青葉断酒会のような経験は，新しく自助集団を創設しようと試みる人びとにとっては，それほど珍しい体験というわけではない．まったく何もないところに新しく組織を作り上げていこうとする際には，多少の人間関係の軋轢や対立が生じることは，それ自体きわめて自然なことである．全国各地の草創期にある断酒会にあっては類似した事態が生じていると考えてよいのではないかと思う．S，T，H各氏のような極めて個性豊かで，行動力に富むリーダーを輩出させた青葉断酒会にとっては，これまで述べてきたような会の展開はある意味では避けることのできない過程だったのかも知れない．次に続く世代の会員たちはこの先輩たちの貴重な経験をプラスの形で引き継ぎ，今後の会のさらなる発展に生かしていくことが望まれる．

　酒害者の悩みや悲しみ，あるいは楽しみや喜びを最もよく理解できるのは，かつて酒害に苦しんできた断酒会員である．とりわけそのリーダー的立場にある人たちは，健全な飲酒文化の形成

や，適切な飲酒行動の創出のために，国や自治体，企業などに働きかけたり，教育機関やマスコミなどを通じた啓蒙活動や奉仕活動などに積極的な役割を果たすことが社会的に期待されている．

断酒会のリーダー同士の競い合いは，良い意味で会の活性化と発展がもたらされるような工夫が必要である．そして現在，断酒会のリーダーの任にある人たちはそのことを自覚しておかなければならない．これまで述べてきた青葉断酒会の貴重な経験は，われわれにそうしたことを示唆しているのではなかろうか．[8]

【注】

1) 斎藤学・高木敏編『アルコール臨床ハンドブック』金剛出版 1982. および斎藤学『アルコール依存症の精神病理』金剛出版 1985.
2) 大橋薫編『アルコール依存症の社会病理』星和書店 1980.
3) 清水新二『アルコール依存症と家族』培風館 1992.
4) 『酒のしおり』国税庁課税部酒税課 1996, 31頁.
5) 『青葉』宮城県断酒連合会 1963-1985.
6) 断酒会の組織原理の比較研究については以下の論稿を参照のこと．
  松下武志「島根における断酒会活動の歴史と現状」『島根大学法文学部文学科紀要』(8) 1985.
7) 本稿の分析の基本的アイデアはR. K. マートンの潜在的機能と顕在的機能の区別およびそれと関連した主観的意図と客観的結果の区別という概念図式を背景においている．Robert. K. Merton, *Social Theory And Social Structure*, Revised Edition, The Free Press, 1957, pp. 60-64. (R. K. マートン著, 森東吾他訳『社会理論と社会構造』みすず書房 1928, 55-57頁) 参照．
8) なお平成6年以降，宮城県においてA・Aを含めて新しい断酒グループの動きがみられるが，そうした新しい展開についての分析は別の機会に譲りたい．

第3章 現代日本におけるアメシスト研究の動向

　日本においてアルコール依存症の問題が一般の関心を引くようになったのはごく最近のことといってよい．しかもそれは専ら男性でかつ年輩者の問題として受け止められてきたのが実情であった．ところがここ20年くらいの間に少しずつ事情が変化しつつある．つまり，日本のアルコール依存症問題の中に女性と若者が登場してきたのである．

　このことをアメシスト研究の動きと関係づけて眺めてみると，1970年代後半には女性酒害者の増加傾向という問題提起がなされ，80年代前半はその真偽を巡っての論争が行われている．またそれと平行してアメシスト独自の特徴を追及する研究が深められ，それに関係する社会的要因も摘出されていった．90年代に入ると男性の医療スタッフを除いた女性だけのアルコール・ミーティングの意義が認知され定着していった．

　本章は，日本におけるアメシスト研究の流れをたどることによってそのことを跡付け，女性酒害者たちの前に立ちはだかる問題は何なのかを明らかにし，彼女たちがそれに立ち向かい，アルコール依存症から回復するためには，現在どのような方策が求められているのかを探る．

第1節　アメシスト問題への注目（1970年代）

　70年代の女性酒害者研究は斎藤学，比嘉千賀，手島正大などによって手掛けられていた．しかしそれら多くの研究は『アルコール研究』などの専門研究誌に掲載され，一部の関係者を除けば一般の人々の関心を呼ぶまでには至っていなかった．

　ところが，1977年，手島正大が専門学会誌『アルコール研究』に発表した論文「女性アルコール症者の研究」が，翌年一般雑誌である『現代のエスプリ』（144号）に転載されることによって，女性酒害者問題が専門家以外の人びとの関心と注目を引き始めた．この論文は本来アルコール医療の専門家層を読者と想定して書かれた論考であったが，一般雑誌への転載という外在的要因に加えて，彼のアメシストに関する大胆な将来予測が，社会科学者たちをはじめ医療以外の分野の人びとにアメシスト問題の所在を認知させる契機となった．

　手島は，まず，①一般女性の飲酒傾向が広まっており，初飲年齢も低下傾向にあること，②女性酒害者は40歳前後で，高卒程度の学歴を有し，家族人員4人未満の核家族で，家庭環境は比較的恵まれている主婦に多く，7割以上が子供を有しており，③男性酒害者と比べて，飲酒歴は短いなどの「事実」を指摘したうえで，今後の「予測」として，④女性酒害者の数は今後ますます増加していき，⑤女性酒害者の形態は男性のそれに近づいていくと考えられると結んでいる．[1]

　1979年には比嘉千賀が「女性と飲酒」というテーマで女性酒

害者の問題について論じている．この論文は明らかに一般読者層を念頭に置いた書き方がなされており，それだけ社会の多くの人びとに，女性酒害者問題の所在を認知してもらうのに多大な貢献をしたといってよい．比嘉はアメシストの数の推移と属性別比較，アメシストになりやすいタイプ，病気の進行上からみた男女差等について，「事実」上の問題として次のような指摘をしている．すなわち，①女性酒害者は増加傾向にあるが，その背景には女性の社会進出と飲酒機会の増大がある．女性の飲酒者の増大は一般男子や男子大学生と比べてもはるかに高い．日本における女性酒害者数は酒害者全体の約7％の14万人である．欧米諸国においては酒害者全体の20～30％が女性酒害者であるのと比べると，日本の比率はまだ低いと述べている．②どのようなタイプの女性がアルコール依存症に陥りやすいのかについて，まず性格上の特徴からみると，未熟，自己中心性，強い依存性，情緒不安定，社会的に不適応な反応を起こしやすい性格などを挙げている．職業との関係では，従来は飲酒サービス業と関係した職業の人が多かったが，現在は家庭の主婦，いわゆるキッチン・ドリンカーが過半を占めている．彼女たちの特徴は，40歳代に多く，高卒以上の学歴を有し，生活水準は中流で外面的にはごく平凡な家庭の主婦であると指摘している．③病気の進行については，女性が常習的に飲酒し始める年齢は男性と比べて遅いが，いったん常用を始めるとアルコール依存症になるのは早い．男性が約11年かかるのに，女性はその約半分の6年でアルコール依存症になってしまう．女性飲酒者が急速にアルコール依存症に陥っていくのは，同じ常習飲酒者でも，男性が外で飲むことが多いのに

対して，女性は家庭内での個人的飲酒が多い．この個人的飲酒はコントロールしにくく，そのためにアルコールへの依存が生じやすいのだという．そして最後に今後の「予測」として，有職女性のアルコール依存症が増加していくだろうと指摘している．

こうした70年代におけるアメシスト研究の最大の意義は，女性酒害者の固有の特徴を探ろうとする試みそのものよりも，アメシストの増加傾向を指摘することによってアルコール依存症問題への広範な社会的関心と注目を喚起した点にあったといえよう．

第2節　批判的見解の提示とアメシスト研究の進展（1980年代）

1980年代に入ると，波田あい子は「女性とアルコール依存」において，アメシスト問題が性差別の問題と深く関係して生起していることを指摘した上で，70年代にしきりになされたアメシストが増加傾向にあるという主張は，「事実」の問題と「予測」の問題とを混同しているという厳しい批判的見解を提示している．波田によると，①日本の女性は歴史的に飲酒文化社会の中の下位文化として「禁酒文化」を割り当てられてきている．現代社会には飲酒に対して男女によって異なる二重基準（double standard）がある．それは性別規範体系の飲酒に関する現れであって，女性により厳しい飲酒規範が課されている．すなわち，日本社会においては，女性は「女らしさ」規範からはみださない範囲の飲酒しか許容されないのである．こうした性差別社会においては女性のアルコール依存を分析するための独自な分析枠組みを工

夫する必要があると問題提起している．さらに，②近年，女性酒害者の増加が客観的「事実」として主張されてきているが，ここ10年前後を統計的に検討してみると，それを明確に断定するのは難しく，増加傾向がはっきりしているのは，むしろ男性酒害者なのである．波田は，酒害者総数に占める女性の割合は，戦後から現在まで4〜5％の間で一定しており，最近10年間に女性アルコール依存症患者がはっきり増加していることを示すような数字はなく，横ばい状態か漸増にとどまっているという新たな別の「事実」を明示している．そして彼女は「実証」が伴わぬまま女性酒害者の増加を云々する従来の研究成果に対して批判的な見解を提示している．

波田は，こうした現象の背景に，女性の社会進出，職業活動の一般化，女性解放運動の浸透などがあり，それらによって女性の生活構造や意識が変化し，女性の飲酒人口や飲酒機会が増大していった．もしこうした条件が今後さらに進展していくとすれば，女性アルコール依存者の急増が生じるであろうという「推測」が，実際に増加しているという「事実」的論調に転化して行ったのではないかと分析している[3]．

こうした波田の指摘にもかかわらず，80年代以降もアメシストの増加傾向を主張する論調が完全になくなってしまったわけではなかった．しかし波田の批判的指摘が，当時よくみられた，厳密な統計的吟味抜きの安易な女性酒害者急増論に対する警鐘的役割を果たした意義は大きい．波田の指摘がなされて以来，それまで女性酒害者の増加傾向に言及してきた論者たちも，例えば「女性酒害者が増えているという臨床上の実感は根拠を欠いた推定に

止まらざるを得ない[4]」と述べるように変化をみせている．今日においても，女性のアルコール依存症問題を取り上げる場合に道徳論的誇張や憶測的言説がなされがちな傾向に対して，波田の指摘は一定の歯止め的機能を果たしてきている．

さて，斎藤学は以前から，アルコール依存問題の全般にわたって学界的にも社会的にもリーダー的役割を果たしてきていたが，80年代になると，女性酒害者に関する分野に限ってみても彼は70年代にみられた研究諸成果よりさらに一歩進んだ主張を展開していった．斎藤は1982年の「女性の飲酒問題」において，20歳代の若者におけるアルコール消費人口の男女比が1対1に近づいていること，酒類製造業界の主な関心が「女性」「若年者」というこれまで未開拓であった消費人口の掘り起こしにあること，そのためにライト化といわれる低濃度で飲みやすいアルコール飲料の開発競争が行われていることなどを指摘している．そして，現在女性アルコール消費人口の急増がみられるが，今世紀末ごろには女性の飲酒問題が広がりをみせるようになるだろうと予測している．また，これまでは飲酒問題を起こしがちな女性は飲酒サービス業の関係者に限られていたが，現在では飲酒と無縁と思われるような家庭婦人に重い酒害者がみられるようになってきたと指摘している．そしてこの時期の女性酒害者の特徴を，①習慣飲酒期間（習慣飲酒が始まってから初回入院までの期間）が男性では平均約20年なのに対して，女性ではそれが8年に過ぎない．②アメシストの多くは自分たちの飲酒を恥じ，極力隠そうとする．夫が妻の飲酒問題に気がつくまでに1年以上の隠れ飲み期間がある．さらに，夫たちは妻の飲酒問題が家庭の中で明らかにな

ってもそれを世間から隠そうとして事態をさらに悪化させてしまう．③飲酒問題のきっかけが何らかの形で，別離と対象喪失の体験と結びついており，悲哀，抑うつなどの感情的混乱をきたしている．④暴力や反社会行動が少ない．⑤生理ストレスに関連して問題飲酒が始まることが多い．⑥性行動の異常を伴うことが多いという6点に集約している[5]．

さらに斎藤は1983年の『女性とアルコール依存症』で，女性のライフサイクルと飲酒状況の類型（自律葛藤型，育児ノイローゼ型，非行少女型，目標喪失型，家庭内ストレス型，空の巣型，キッチン・ドリンカー型，等）を提示し，それぞれ典型的な症例を紹介するとともに，自らの臨床経験に基づきアルコール依存症からの回復のためのリアルで実践的な助言例を，酒害者本人と酒害者を抱えた家族とに分けてそれぞれに提示している[6]．ここに助言の仕方として示された治療枠組みは，酒害者と医師との関係からのみ成立していて，断酒会等の自助グループや保健所等の社会施設とのかかわりが除外されているところに，これまでの伝統的な治療法とは異なる点があり，われわれはそこに彼の新たな試行錯誤の跡を感じ取ることができる．

1986年の「女らしさと酔い」の中では，齋藤は女性アルコール依存者には自己の「女性性」をスムーズに受け入れることができずに悩み苦しむタイプの人が多いと述べている．その際アルコールによる酩酊がそうした苦しみを緩和してくれることから，飲酒問題にはまってしまうと考えられる．彼はこうした女性の性役割意識の混乱について具体的症例を基にして〈男性役割志向型〉，〈女性役割強調型〉，〈女性役割破綻型〉の3つのパターンに分類

している．そしてアルコールによる酩酊は，自己愛的で誇大的な酩酊自己を作り出し，自己の女性性についてある種の葛藤ないしすわりの悪さを感じている女性たちに，性役割葛藤からのつかの間の逃避，ないし開放感をもたらしているのだと指摘している．[7]

80年代も後半になるとアメシスト研究は，アメシスト一般の特徴探求という次元からさらに掘り下げた専門研究へと進化していく．それは，例えば若年アメシストの特徴や高齢者アメシストの研究といった細分化した形で進められていった．われわれはその例を，信田さよ子，および波田あい子の研究においてみておくことにしよう．

1989年の『アルコール依存症の最新治療』においては，女性アルコール依存症を若年女性と高齢女性とに分けてそれぞれの問題点が論じられている．

まず，若年女性アルコール依存症を論じた信田さよ子によれば，女性アルコール依存症は家族を中心とした人間関係によって影響を受ける〈人間関係障害〉として理解するのが適切であると主張する．そして，若年とは29歳以下と定義し，若年女性酒害者の特色として，①男女差がないこと，②摂食障害を高い割合で合併していること，③予後の悪さの3点を指摘している．

信田の論考において注目されるのは，若年酒害者の治療上の困難さは，彼女たち若者には経済的にも身体的にも〈底つき〉状況が生まれにくい点にあるという指摘である．彼女たちは中年や高齢の女性と比べると体力的にはるかに勝っている．また，経済的にはほとんど親に依存している，言い換えれば親が経済的面倒をみてくれているのである．そのため体力もありお金もある彼女た

ちに〈底つき〉体験を経て回復へという治療プログラムがあてはまりにくいと述べているのは興味深い。[8]

次に，高齢女性酒害者を論じた波田あい子によれば，この問題を考える場合に大きく3つの要因があるという。すなわち，①平均10年に近い配偶者との死別後の人生問題，②高齢女性の家族内における地位の低下による子世代との不安定な関係，およびそれがもたらす心理的葛藤，③老年期の前段階で迎える，子供が独立した後の夫婦関係の再調整，いわゆる「空の巣」（empty nest）症候現象である。波田はこの論文の中で取り上げた事例を通して，夫の庇護の下に妻―母―主婦としてのみ生きてきたタイプの女性にとっては，家族という場を欠いたひとり暮らしが，拠り所となる役割にアイデンティティ喪失状態をもたらすため，不適応（酒への逃避，アルコール依存症）に陥りやすいと述べている。

さらに，波田によれば，高齢女性のアルコール依存症の発現には家族ストレスの累積現象が密接に関係しているという。女性にとっては，家族に起きる出来事や変化が即，彼女自身の人生危機に連動している。女性の人生周期そのものが家族の周期と変動に強く影響される。こうした女性と家族の一体性ゆえに，ある困難を抱えた家族に家族周期上の危機が重なる場合には，女性はさらに自身の人生周期の危機にも直面することになるのである。波田は女性の飲酒問題の背後には，家族システム内における女性の位置から生まれてくる家族ストレスがあることを理解しておく必要があると述べている。[9]

ここまでの記述からも理解されるように，80年代はアメシス

ト研究が一斉に開花した時期であった．厳しい論争もあれば，新たな知見の提示も数多くなされた．研究上の工夫や治療の面での試行錯誤も大胆に試みられた時期として特徴づけることができよう．

第3節　アメシスト研究の新たな動向（1990年代）

　80年代のアメシスト研究の隆盛と比較すると，90年代はその勢いがやや衰えた感を免れない．特に90年代の半ばからは，アルコール依存症研究の最先端のテーマは「アダルトチルドレン」の方向へと移行していった．これまでアメシスト研究を先導してきた研究者たちも多くはその流れに沿って関心を移行させていくことになる．したがって女性アルコール依存症の動向についての研究者レベルでの論及は少なくなっていく傾向がみられた．そうした中で，信田さよ子が最近の女性アルコール依存症の新しい臨床像について数少ない貴重な報告を行っている．信田によると，彼女が主宰する原宿相談室に持ち込まれるアルコール相談をつぶさに検討してみると，そこには時代を先取りした最先端的現象が現れるアンテナショップ的性質が浮き彫りになるという．現在，そこでは女性アルコール依存症の相談数は男性アルコール依存症数の約半分である．女性アルコール依存症の3分の1は20代であり，同年代では男女比が逆転して女性が多数を占めている．これらのことは，女性アルコール依存症の疾病進行の速さと若年アルコール依存症における女性比の高さを示唆していると指摘している．

こうした最近の全般的特徴の中で，信田は女性アルコール依存症の新しい傾向を示す臨床像として次の3つのタイプを提示している．すなわち，第一は，40代半ば以上の中年女性にみられるタイプで，彼女たちは団塊の世代に該当し，社会の変動期に青年時代を過ごしている．新しい価値観の洗礼を受けているが，自らは旧来の女性的役割に埋没して中年期を迎えている．彼女たちは様々な活動をやってはいるが，精神，心理的に満たされない〈空の巣〉的状況にある．そうした中年女性たちの中でアルコール問題が進行しつつある．第二のタイプは28歳から35歳ぐらいのキャリアウーマンタイプで，男女雇用機会均等法施行で誕生した総合職の第一世代に代表される．彼女たちの多くが，仕事上の厳しさや結婚，出産などで職場を去っていく中で，一定数のキャリアウーマンたちはそこに踏みとどまり生き残っている．この層にアルコール問題が浸透し始めている．彼女たちは男性と肩を並べるために人に倍する努力をし，残存する女性差別と格闘するなど重い精神的負荷と過酷なストレス状況に心身をすり減らしている．こうした女性層にアルコールを常用する人たちが増えているのである．第三は，最近急速に増加している若い20代のアルコール依存症のタイプで，その60％に摂食障害の合併症がみられる．その他にも，薬物依存，家庭内暴力などと重複してあらわれることもあり，何が主要な問題なのかがつかみにくい．しかもこのタイプの回復率は20％と低く，幾度も入退院を繰り返し自殺企図が多いのも特徴である．

　信田は，こうした女性アルコール依存症の3タイプの臨床像は，現代の社会状況を先鋭的に反映したものであり，現在のとこ

ろ少数者として問題を表出させているが，その背後には多数の同じ問題状況下にある女性たちが伏在しており，やがて彼女たちも表面に姿をあらわしてくるであろうと予測している[10]．

さて，90年代には女性酒害者と治療職員とのかかわり方をめぐる興味深い論争が起きている．それは，アルコール病棟における女性ミーティングに男性を参加させるか否かをめぐってなされた，主としてアルコール治療にかかわる職員間においてなされた論争であった．こうした問題は90年以前にも存在はしていたが，学会誌に正面切って取り上げられたのはこれが初めてであった．それはアルコール・ケア面での試行錯誤を意味すると同時に，一定の前進的内容を含むものであった．それだけアメシスト研究の土俵も広く，厚くなったといえよう．

1993年，伊藤通郎は「女性ミーティングの憂うつ」の中で，男性が女性ミーティングから排除されて以降，不満，反発，容認，納得に至る5年間の心理的過程を以下のように述べている．伊藤の病棟ではそれまで男女の区別なく全員一緒に病棟プログラムをこなしてきていた．男女が得て不得手を補い合いながら，それぞれ得意な役割を果たすことによってこの混合集団の運営は上手く行っていると思っていた．ところがある日突然，一部の女性職員から男性は女性ミーティングに参加できないことになったと告げられた．理由はミーティングに男性がいると女性は本音を語りにくいということであった．

このルールを作ったのが一部の職員であり，職員全体の合意を受けたものではないという手続き的不満もあって，最初は男性側に「男女の区別はすべきでない」「これでは逆差別だ」といった

反発があった．しかし女性たちはそうした抵抗を尻目に，院内女性ミーティング，女性外来ミーティングなど男性職員立ち入り禁止のグループをどんどん立ち上げていった．伊藤はこうした男性職員がかかわれないグループを受け入れることはすぐにはできなかった．5年の歳月を経て伊藤はようやく「女性は男性の入っていない女性だけのグループでやった方がいい」と考えるようになったという．その理由は，アルコール問題に占める性差の重要性を実感として持てるようになったからだという．具体的にいえば，第一に，酒飲歴発表等において男女ではテーマや話題が明らかに違うこと，第二に，男性はグループにおいて女性がいても話の内容にあまり変化はないが，女性の場合男性の前では態度を変え，素顔を隠しがちであることに気がついたからだという．

　そしてより重要なことは，5年前突然女性たちに反旗を翻された時，「私はこれだけあなたたちのために気を遣いながらやってきてあげたのに，その私をどうして受け入れてくれないのだ」という感情を強く抱いたという．現在から過去5年間を振り返ってみると，「アルコール依存症回復のために女性グループが独自に持ち得る有効性への疑問」という問題と「性差だけで完全に排除され，身近にコントロール不可能な領域ができてしまうことで自身の万能感（特に女性に対する）が傷つくことが受け入れられなかった」という問題が伊藤の頭の中でゴチャ混ぜになっていたと述べている．

　しかし，伊藤は今ようやく「女性だけのグループの存在を認めることができるようになった．排除される怒りもなくなった．ただ自分が必要とされていないことを自分自身がまだしっかり受け

入れることができていないので，期待されていない寂しさを味わい続けなければならない」と記している．したがってそれは「男の私にはわからん，だからあなたたちは勝手に成長（回復）していってくれ．私は私の問題を考える」と思うようになったと言っているように，将来的に課題を積み残した納得の仕方となっている．[11]

これに対して，女性スタッフである君島淳子は，1994年「女性ミーティングと私」の中で，伊藤とは逆の思いを語っている．彼女によれば，入院中の酒害者はほとんどが男性だったので，ミーティングで彼らに囲まれて座っているだけで緊張したという．やっとその状況に慣れて男性の話が聞けるようになると，今度は男性が期待する女性のイメージと自分自身のそれとの間に大きなずれがあることに気づき，こうしたアルコール・ミーティングにしっくりいかないものを感じるようになったという．そして時には，男性の勝手な言い分を聞いていて我慢できずに，女とはそういうものではないと主張し，男性は女性の話にもっと耳を傾けて欲しい，女性のことをわかろうと努力して欲しいと訴え続けた．しかし自分の思いが男性たちに届いたという実感が持てなかったという．

他方，君島にとっても男性の中で女を語ることは勇気の要ることだった．自分の体験をしゃべる時に，女としての自分を語ることにためらいがあった．女のくせに，という男たちの批判の目を気にしながらしゃべらざるを得なかった．そのため彼女は，男性と一緒にいるといつも息苦しさを感じたという．こうして，彼女と男性たちとの間には距離が生まれていき，彼女は男性に歩み寄

ることを諦めてしまった．

そんな状況にある中で，彼女は外来の女性だけのアルコール・ミーティングを担当する機会に出会った．そこには，女性同士のざっくばらんな雰囲気があって，自分の女の部分を語る時にも恥ずかしさに敏感にならずにすんだ．こうして君島は女性ミーティングに出ることの楽しさを覚え，自分を語るならそこでと思うようになり，男性ミーティングからは逃げ出してしまったという．

彼女は，最初に女性ミーティングに出たときの印象を次のように述べている．その日のテーマは「怒りについて」であり，誰からともなく話が始まっていった．男や夫への恨みつらみで飲んでいた頃のこと，女に生まれてきたことへの腹立たしさ，解決のつかない母への怒り，酒をやめられない自分自身への怒りなどなど，彼女はそこで誠実に語られていく体験の中身にびっくりしたという．そして女性たちが感情をあからさまにして表現していく気概が君島の心に強く響いた．彼女はこれまで，感情は心に押し込めておいたほうが良いと思っていたし，怒ってばかりいると損し，女は優しくなるべきだと言われて育ってきたので，これほどまでに自己の感情を語ったことはなかったという．

君島が女性ミーティングに参加して1年が経過した頃，今度は自分自身がこのアルコール・ミーティングを司会者として主宰していくことになった．そこで取り上げたテーマは，親，子，夫，妻，男，女などの人間関係や，生理，妊娠，出産などの女性特有の体験や喜び，怒り，不安，悲哀などの感情を題材にし，なるべくこれまで取り上げたことのないテーマにも挑戦したという．

もちろん時の流れの中で，テーマやアイディアの選択に行き詰

まりを感じたり,毎回参加していた人が来なくなったりといった困難や厳しい現実に遭遇したりもした.しかし,同性の回復しつつある人たちと生活体験を語り合う中で,彼女たちの臆することなく自分を語る姿が,君島を含めて新しいメンバーたちに自分の殻を破る安心感を与えてくれた.君島は女としての自分の破れ目をさらけ出すことを恐れなくなった.これまで誰にも話したくなかったこと,できれば気づきたくなかったこともどんどんしゃべれるようになった.

君島がこのグループから得たものは,誰よりも自分のことを知っている人たちがそこにいるという安心感,女性同士が腹の内を割って話し合えるという信頼感,そして女としての自分を語る必要を感じている者にとって自分の居場所がそこにあるという気持ちだったという[12].

治療スタッフとアメシストがかかわる場面において,アメシスト側に女性固有の問題があることは確かであり,それを治療場面においてプラスに役立てられるように,前向きに引き出していく工夫のひとつとして,女性スタッフと女性患者だけによるアルコール・ミーティングの持つ意味は決して小さくないし,ある意味では不可欠でさえあろう.と同時に,アルコール依存症には性別を超えた共通点も少なくない.本章第1節においてすでに指摘したように,手島は「刻々と変化し続ける社会状況を考慮すると,女性酒害者の数も今後ますます増加していくであろうことが予測されるが,これに伴いその形態も男性酒害者に近づいていくであろうと思われる」[13]と予測していたし,またある医師は女性アルコール依存症を男性のそれとはまるで違うかのように考えるのは誤

解であり,「女性の場合に依存症という病気として特別なことは何もない」[14]とさえ述べている.男女の性差を超えた人間としての共通基盤の上に立つ問題を語り合うことによって,そこから出てくる人間同士としての共感を持ち合う機会もまた大切なのである.したがって,女性だけによるアルコール・ミーティングと男女共同参加のアルコール・ミーティングとを排他的な二者択一の関係として捉えるのではなく,相互補完的に活用していく必要があることをこの論争は示唆しているといえよう.

第4節　アメシスト研究の今後の課題

われわれは,これまで1970年代以降のアメシスト研究の内容と特徴をみてきた.例えば,飲酒期間や飲酒量といったテーマについては,年代を経るにつれて研究が累積的発展を遂げた経緯を跡付けることができた.しかしアメシストの増加傾向をどうみるかとか,女性だけによるアルコール・ミーティングをどう評価するかといったテーマについては,時に対立あるいは矛盾する主張がなされたりして,それを今日まで引き継いできている部分もあった.現代日本におけるアメシスト研究は,依然としてある種の星雲状態の中にあるともいえるわけであるが,ひとまずここではそうした研究の到達点を踏まえて,今後の課題について理論,実践の両面から触れておくことにする.

まず,一般に酒害者に占める女性の割合は約1割といわれている.顕在的ないし,潜在的に飲酒問題を抱えた女性は約15万人,そのうち4万人は医療への導入が必要な酒害者と推定されて

いる。男性の酒害者には十分とはいえないものの全国各地にアルコール専門病棟が存在している。しかし，女性酒害者のための専門病棟は存在しない。アルコール専門病棟の中には女性のための専門病室を設けているところもあるにはあるが，まだまだ少ないのが現状である。こうした施設が基本的に男性中心に整備されてきた歴史があり，現在もそれが継続している。行政等に対し，アルコール病棟建設の促進を含む酒害対策全体の底上げを要請していくことが必要なことはいうまでもないが，それと同時にアメシストも視野に入れて対策の中身にバランスをとるよう再検討していく必要がある。

次に，男性の場合には社会的な習慣として飲酒を覚え，その習慣を長い間続けるうちに問題飲酒につながるケース，すなわち一次性アルコール依存症が多い。これに対して女性の場合には職業人と主婦，妻と母親といった異なった役割を上手くこなせない〈役割葛藤〉とか，子供が親離れしたことによる〈役割喪失〉，いわゆる「空の巣症候群」などの「状況反応性」を特徴とする問題飲酒，すなわち二次性アルコール依存症が顕著である。こうした飲酒問題が始まったきっかけに固執し過ぎると，女性としての役割回復努力が単なる女性役割の取得を越えて，男性への依存や服従につながってしまう危険性がある。アルコール依存症から真に回復するためには，単なる女性役割の回復にとどまっていてはいけない。しかし同時に男性依存に陥ってもいけないのである。そのためには自分が直面している問題から逃げないで自分でそれを解決し，「自立」していくことが何よりも重要なのである。

第三に，女性は男性よりも少ない飲酒量により，また習慣飲酒

開始から比較的短期間でアルコール依存症になっている．例えば，飲酒量では男性の4分の1[17]，飲酒期間では男性の2分の1[18]で飲酒問題が発現しているという指摘もある．脂肪組織やホルモンの影響など男女間の体質の差がアルコール依存症になる飲酒量や飲酒期間の差に影響していると考えられている．20歳代の若者のアルコール消費人口における男女比が1対1に近づいている今日，女性の酒害についてのこうした科学的知識を教育機関やマスコミ等を通じて周知徹底させる必要がある．

第四に，女性のアルコール依存症は男性のそれと比べて，最初から健康問題としては表面化しにくい．女性の場合，それがとりわけ強く道徳的，倫理的問題として捉えられる傾向が強い．したがって，この病気が女性自身によって隠され，あるいは周りの人びとが長い間見落とすケースが多い．かりに病気が発覚した場合でも，夫や家族が女性酒害者の存在を恥じ，世間の目に触れないように秘匿する傾向が強い．そして女性自身は家庭の中で非難され孤立していく．男性酒害者が家族に説得され，連れられて病院にくるケースが多いのに対し，女性酒害者の場合にはひとりで隠れるように受診することが多い．アルコール依存症は治療場面につながるまでのプロセスにおいて男女間で大きな相違がみられるのみならず，治療場面につながった後においても，男性の酒害者と女性のそれとでは家族の対応に顕著な差がみられる．すなわち男性患者の場合には家族が積極的に治療，回復にかかわり，家族自身の回復に向けて動き出すケースが多い．

これに対して女性患者の場合には積極的な家族の理解や協力，援助を得られるケースは少ない．問題飲酒によって家族から疎外

され孤立している患者が，アルコール依存症と診断されたことでより一層強く〈妻・母失格人間〉というレッテルを張られ追い詰められていくケースが少なくない．

さらに，こうした家族の対応の差は予後の問題にも反映されている．すなわち病気の治療後の経過を比較した場合，女性酒害者は男性よりも予後が思わしくない．このことを改善するためには周りの人びとが女性患者の治療継続に協力することが重要なのだが，男性酒害者がその妻に期待できる程度の協力を，女性酒害者が夫から受けることは稀なのが実情である．こうした協力の欠如に加えて，女性酒害者を隠そうとする，あるいは自分で隠れようとする態度や行動がアメシストたちの治療継続を不安定なものにし，結果的に彼女たちの予後を悪化させてしまっているのである．

以上のように，病気の発見，病院へのつながり，治療の継続，予後といった全過程に渡って，アメシストの回復のためには家族の理解と協力が欠かせない．地域社会の住民や家族等に対し，この病気についての理解を深めてもらうための教育・啓蒙活動を国，地方自治体，マスコミ機関，学校等の全社会的なレベルにおいて強化することが望まれる．

最後に，治療集団としての自助グループの重要性は今後ますます高まっていくと考えられる．女性酒害者の回復にとって，女性だけの治療グループや自助グループとの連携は極めて重要である．しかしそうしたグループは少しずつ増えつつあるとはいえ，まだ絶対的に不足しており，今後その立ち上げを支援していくことが重要である．さらにまた，現在の自助グループの活動時間帯

は夜の6時から8時,あるいは7時から9時といった設定が多く,家庭を持っている女性にとってはちょうど家事と重なる時間帯であり参加しにくい問題点が指摘されている[19].今後,女性が時間の都合をつけやすい時間帯に活動可能なリハビリ施設を充実していくことが重要である.また,どちらかといえば男性中心にセットされてきている病院の治療プログラムを女性酒害者たちに十分配慮した内容に変えていく必要がある.

【注】

1) 手島正大「女性アルコール症者の研究」宮里勝政編『現代のエスプリ』No.144 至文堂 1979,109-110頁.
2) 比嘉千賀「女性と飲酒」嶋田一男編『アルコール依存症』有斐閣 1979,181-191頁.
3) 波田あい子「女性とアルコール依存」大橋薫編『アルコール依存の社会病理』星和書店 1980,129-139頁.
4) 斎藤学「女性の飲酒問題」『アルコール臨床ブック』金剛出版 1982,361頁.
5) 斎藤学,同上書,359-367頁.
6) 斎藤学『女性とアルコール依存症』海鳴社 1983,58-85頁.
7) 斎藤学「女らしさと酔い」斎藤学編『女らしさの病』誠信書房 1986,185-201頁.
8) 信田さよ子「女性のアルコール依存症」高木敏也編『アルコール依存症の最新治療』金剛出版 1989,277-286頁.
9) 波田あい子「高齢女性の飲酒と家族ストレス」高木敏也編『アルコール依存症最新治療』金剛出版 1989,285-296頁.
10) 信田さよ子・比嘉千賀「最近の女性アルコール依存症の傾向と新しい臨床像とその援助方法について」『アルコール依存とアディクション』第10巻 第2号 星和書店 1993,105-106頁.
11) 伊藤通郎「女性ミーティングの憂うつ」『アルコール依存とアディクション』第10巻 第4号 星和書店 1993,105-106頁.

12) 君島淳子「女性ミーティングと私」『アルコール依存とアディクション』第11巻 第4号 星和書店 1994, 264-267頁.
13) 手島正大, 前掲論文, 110頁.
14) 稲垣俊雄「女性であるがゆえの問題」西日本アメシストの会編『アメシストたちの物語』土佐出版 1989, 244頁.
15) 斎藤学『女性とアルコール依存症』海鳴社 1983, 22頁および27頁.
16) 稲垣俊雄, 前掲論文, 242-243頁.
17) 広兼明「どこが違う？女性と男性」『アルコール・シンドローム』(44) アルコール問題全国市民協会 1996, 23頁.
18) 斎藤学「女性の飲酒問題」『アルコール臨床ブック』金剛出版 1982, 362-363頁. および比嘉千賀「前掲論文」190頁.
19) 広兼明, 前掲論文, 23頁.

第4章

酒害者の「イメージ」と「自立」の問題

　本章においては，まず日本におけるアルコール依存症問題の中で「イメージ」問題が重要である根拠を明らかにする．そして，最近注目をあびている酒害者の「自立」問題を，身体的，経済的，精神的レベル等に分け，問題点の一端を明らかにする．さらに，アルコール依存症からの回復にとって不可欠な過程である自己「イメージ」の修正とアイデンティティの確立過程の内容，および両者の関係を検討する．そしてアルコール依存症からの回復のための社会学的モデルを提示する．また，あるマスコミ機関によるアルコール依存症報道に異議を唱える行動を通して，自己アイデンティティを確立していく女性酒害者の事例をこのモデルを下敷きに検討する．最後にアルコール依存症の援助活動における「自立」のあり方について考察する．

第1節　「イメージ」改善運動の根拠

　酒害者はまず，「ダメ人間」「捨てられ者」といった思い込み，マイナスの自己イメージを自分で修正しなければならない．次に，他者から付与される「怠け者」「意志薄弱者」といったマイナス・イメージを変更しなければならない．つまり，社会一般の人たちが酒害者に対して持つマイナス・イメージに働きかけ，そ

れの変更,修正をはからなければならない.そのためにはアルコール依存症から立ち直った後の自分たちの姿,通常の社会人となんら変わりのない,あるいはそれ以上に成長した姿を社会に示し続けていかなければならない.それが,社会一般に流布する酒害者についてのマイナス・イメージを修正する最大の根拠になるからである.

酒害者についての「イメージ」問題を重視する理由は,同一の逸脱行為に対しても逸脱者について人びとが抱く「イメージ」の違いによって,行為後の逸脱者に対する態度や反応に違いがみられるという経験的事実が存在しているからである.つまり,逸脱者についての主観的なプラス・イメージはその人に対する緩和されたリアクションをもたらし,逆に,逸脱者についての主観的なマイナス・イメージはその人に対する厳しいリアクションを生むという冷厳な事実があるからである.特に強いマイナス・イメージが付与されている逸脱者が行う逸脱に対してはとりわけ厳しい対応がなされる傾向が指摘できる[1].

本章の課題に即していえば,酒害者について強いマイナス・イメージを持っている時代,社会,地域,人びとほど,酒害者の逸脱行為,例えば交通違反,万引き等に対して,普通の人が行った同一の逸脱行為(交通違反,万引き等)と比べて,はるかに厳しい他者からの反応が示される傾向がある.

この点に,アルコール依存症からの回復者たち,特にそのリーダー層が酒害者について一般の社会人が抱いているマイナス・イメージを緩和・修正するよう働きかける根拠,つまり依存症者の「イメージ」改善運動に力を注ぐ理由がある.

多くのアルコール問題関係者が指摘しているように，酒害者が断酒をして新しく生まれ変わる（「断酒新生」）ためには，社会の飲酒文化を変えていく必要がある．このことは断酒のための自助集団が設立された重要な目的のひとつでもある．[2] 事実，日本最大の断酒のための自助組織「全日本断酒連盟」は社会の酒害者に対する偏見を改め理解を獲得するために，全国各地において一般市民を対象に「アルコール問題を考える集い」や「親子を考える」といったテーマの下に公開セミナーを定期的に開催している．[3] また全断連の下部組織にあたる地域断酒会も「飲酒運転追放パレード」等の地域活動に自主的に参加し，酒害者についての世間のイメージと実態とのギャップを埋めようと努力してきている．[4]

また，マスコミ機関が酒害者についてのマイナス・イメージを強化するのではないかと疑問視されるような報道をしている場合がある．アルコール依存症からの回復を目指す自助集団のリーダーたちにとっては，そうした番組に対する働きかけも断酒活動の一環として重要な意味を持っているのは，上述した事情と密接に関連している．

同時にまた，そうしたマスコミ機関に対する働きかけを通して，酒害者が自己のアイデンティティを確立していく側面も注視しなければならない．本章第5節において紹介する事例はこうした試みのひとつの典型的なケースである．

第2節　「自立」の多様な実態

一口に酒害者の「自立」といっても，その様態は酒害者の回復

段階や生活状況によって多様である．本章においては簡明化のために病院を退院し，自助組織（断酒会）につながった段階の比較的断酒歴の浅い酒害者と，断酒歴が10年以上で，各地域断酒会でリーダーとして活躍し，後輩の世話役を務めている酒害者の場合とに二分化して考えてみることにする．

　断酒歴が浅い患者の場合，まず身体的自立の回復から始めなければならない．「動物」とは区別された「人間」として生きようとすれば，まずもって自分の健康を自分で維持する自覚がいる．食事は1日3度，朝，昼，晩と分けて取る習慣を身に付けなければならない．毎回インスタントラーメンではなく，野菜や果物も必要といった程度の栄養知識は必要である．入浴や着替え洗濯の習慣も欠かせない．次に日常の生活動作における「自立」，いわゆる生活管理能力の回復である．自分の都合ではなく，社会生活のリズムに合わせて寝起きをし，食事をとるようにしなければならない．生活時間を自己コントロールする必要がある．仕事の時間，断酒活動の時間，仲間との付き合いの時間等をきちんと区別しなければならない．さらに金銭管理の問題がある．お金の大切さを知り，堅実な金銭感覚を取り戻す必要がある．一定の金額に優先順位をつけて計画的に使う習慣を身につけなければいけない．この時期には酒を飲まないことから生まれる時間的余裕（換言すれば持て余し時間）を上手に過ごす工夫が不可欠である．身の回りの社会には飲酒への誘惑が満ち満ちている．断酒初心者が飲酒欲求をかろうじて抑え込んでいる時期に，ギャンブルなど別種の誘惑が精神的，心理的空白へ侵入してくる危険性があるからである．これを乗り切るためには，日常生活を自己コントロール

する力を回復しなければならない．

「経済的自立」，「職業的自立」に関しては極めて厳しい現実が存在している．筆者が調査したある「自立」支援施設では，入所者の中で就職できるのは2割に満たない．しかもその施設での入所期間が2年を超えると，「自立」更正のための訓練をいかに積み重ねようと「自立」の可能性は逆に遠のいて行く[5]．断酒歴の浅い患者の「職業的自立」についてはさらに次の諸点を指摘しておきたい．第一に，日本の職場集団においては，仕事の区切りの時期をとらえて，飲酒を伴ったお祝いをする習慣があり，断酒直後の患者にとっては，仕事と断酒とを両立させることが困難な事態に直面するのが通例である．上手にあるいは勇気を出して断わることが大事である．断酒会等で修練を積むことによって，徐々にそれが出来るようになるのだが，当初は思うにまかせず，就職直後に失敗（再飲酒）する例が少なくない．第二に，退院後，もし経済事情が許せば，リハビリ期間を持つのが望ましい．つまりすぐに職場復帰を目指すのではなく，断酒例会まわりをして，ある程度断酒生活に自信が持てた段階で就職を目指す方が，以後の長い人生における断酒継続という観点からはベターである．したがって第三に，就職先はできれば酒害者に理解のある職場が望ましい．つまり雇用主が従業員の事情を熟知している身内かあるいは断酒仲間であればベストであり，せめて職場に断酒仲間がいればベターである．まずはそうした擬似的ないし保護的職場環境で地ならしをしたうえで，次に助人なしの真剣勝負の職場へ入るという手順が踏めることができれば理想である．

ところで，経済的に「自立」していなければ「自立生活」は存

在しないのかといえば、必ずしもそうではない。「自立」をもっと広く捉えようとする考え方もある。例えば、社会福祉の分野で、障害者の「自立」生活運動の中から出てきた〈自己決定権行使〉としての「自立」の考え方である。[6] 何のために生活保護を受けるのか、生活保護を受けて何をするのかを明確に自己決定できれば、生活保護を受けていてもそれを「自立生活」と考えるのである。この考え方を酒害者の生活に機械的に適用することはできないが、今後酒害者の「自立」問題を考える際の有力な手掛かりになることは間違いない。つまり生活保護等の制度的な手助けが存在し、それが酒害者にとって真に必要であるならば、それを大いに利用していくことが大切である。ただし何のために酒をやめるのか、酒をやめて何をするのかに加えて、何のために生活保護を受けるのか、生活保護を受けて何をするのかを同時に自己決定することが必要である。もちろんこの二種の自己決定は最終的には連続したひとつの自己決定に統合可能と考えられる。それができれば、その人の生活をひとつの「自立」した生き方と評価するわけである。ある人が生活保護を受けているということそれだけで、その人を「自立」した生活を営んでいる範疇から自動的に外してしまう考え方を改めようという主張である。「経済的自立」は、トータルな「自立」の重要ではあるが、あくまで一要因とみる。しかしこうした考え方が社会一般に広く受け入れられるまでには相当の年月を要するであろう。

次に、精神的「自立」の問題をみておこう。これは断酒歴をある程度重ね、日常生活の自己管理が十分できるようになった酒害者の追求すべき目標ともいえる。断酒歴の浅い患者は、アルコー

ル依存症からの初期回復過程において，先輩会員の精神や態度を素直に模倣し，それに同調，服従することが望ましいのみならず，必要な段階が存在する．つまり断酒の初期段階においては「立派な指導者の真似をする」ことが最高の治療法なのである．[7]

しかし，例会まわりを重ね，先輩会員の生活態度・習慣の見習いや修得が進むにつれて，初心者にも生活の仕方や，物の考え方に自己主張が出てくる．この段階がさらに進むと，先輩や身近な援助者たちの態度や意見に単純に同調するだけでなく，それに対して自分の意見を言ったり，時には批判を加えたりする．これが精神的「自立」への第一歩なのである．こうした精神的志向はやがて仲間や援助者たちの範囲を越えて，職場，地域社会，マスコミなどに対しても向けられるようになる．こうした精神の働きが，酒害者に各種の社会活動への参加を促し，またアルコール問題に関する社会的啓蒙活動を展開するきっかけとなる．そしてさらに断酒歴を積むことによって，アルコール依存症に関する偏見を是正するために積極的に社会へ働きかける運動を展開していくようになるのである．以上2つの極型に分化させて「自立」の形態を述べてきたが，現実態としてはこの2つの極の間に様々な「自立」の具体的形態が散在していることはいうまでもない．

第3節　イメージの修正とアイデンティティの確立

酒害者は，強いマイナスの自己イメージを持っており，物事を前向きに，あるいは生産的に考えることができない．それは基本的には社会，すなわち世間の人びとから外在的に付与されること

が多い．酒害者の場合，特に身近な人びと，例えば家族や近隣の人びと，職場の仲間などからの〈おまえはダメな人間だ〉といった類のマイナスイメージを付与されると，自分で自分を〈ダメな人間〉だと思い込んでしまい，そこから脱出できなくなってしまうケースが多い．

こうした状態は，アルコール専門病院に入院し，治療を受け，かつ退院できたとしても基本的にはなくならない．彼らがこの問題を克服していくのは，断酒のための自助団体（その代表例が断酒会なのだが）に入会し，そこで集団治療（例会に出席し，自らの過去を語る）を重ねることによって，マイナスイメージによる囚われから徐々に解放されていくのである．したがって断酒会入会直後は，多くの酒害者はまだ強いマイナス自己イメージを持ったままでいる．

酒害者は病気から回復する過程において，まず自己に関するマイナスイメージの呪縛から開放されること，それを取り払い，中和化し，ゼロに戻すことから始めなければならない．つまり酒に飲まれていた時代の自分の行動を仲間の前で洗いざらいさらけ出せば，仲間も同様に腹を割って話をしてくれる．そうした交流を通して，実は自分だけが弱い人間だったのではなく，他の人も自分と同じように弱い人間だったのだとわかるようになる．次に今度はそれをプラスイメージに修正すること，すなわち自分もやればできるのだ，他者から信用され，頼りにされているのだ，だからそれを裏切ってはいけないと考えることが大切になる．

ところで，こうしたイメージの修正作業とあわせて，自己のアイデンティティを取り戻し，確立していくことがアルコール依存

症から回復し「自立」するために欠かせないもう一つの眼目である．遠藤優子によれば依存からの回復とは端的に「アイデンティティの確立」だという[8]．それはまた「自己価値観の確立」といってもよい．自己「イメージ」とは文字通り自己像のことであり，自分をどのような人間と考えているのかについての観念を意味する．これに対して自己「アイデンティティ」概念は，日本におけるアルコール依存症研究の分野では，例えば喪失した〈自己の意味づけ〉を取り戻すとか[9]，〈自分の可能性および限界についての正しい認識〉を持つ[10]といった具合に微妙にニュアンスを異にしながら使われてきた．

本章は，アイデンティティ概念の学説史的検討が目的ではないので，とりあえずそれを〈自己の存在意味や意義〉の確認を示す概念として用いていく．ここでの文脈に即していえば〈自分も他者（社会）のために役に立っているのだと思えること〉，〈酒を止めてやりたい事が見つかること〉，〈断酒人としての自分に誇りを感じること〉などが挙げられる．こうした意識に到達できれば酒害者の回復はかなり進んでいるとみることができる．

自己イメージとアイデンティティが別個の概念であることはいうまでもない．個々の事例にみられる回復の様態は多様である．まず「イメージ」の修正がなされ，それを受けて「アイデンティティ」の確立がなされる場合もあれば，その逆もありうる．実態的には，アルコール依存症からの回復過程において，「イメージ」の修正と「アイデンティティ」の確立とは相前後して始まり，同時進行し，重複して観察されるケースが多い．本章においてはこうした基本認識を踏まえた上で，それらを便宜的に分けた形で論

述していくことにする.

第4節 アルコール依存症からの回復過程に関する社会学的モデル

　筆者は,アルコール依存症から回復にいたる一連の過程を社会学的モデルとして以下に提示してみたい.社会学的という意味は,酒害者の性格的側面よりは患者がかかわる社会関係的側面に重点をおいて考えたという意味である.

　個人の内部的要因に焦点を当てたアルコール依存症からの回復モデルの開発は,比較的進んでいる.そうした方向での研究を牽引しているのは,主に医療関係グループである.例えば,猪野らは個人の性格特性に注目して酒害者の測定尺度の精緻化を工夫しており[11],松田隆夫らのグループは個人の精神・心理構造に焦点を置いて回復にいたる推移モデルを提示している[12].

　それに比べると,家族,職場,病院,地域社会などにおける社会関係次元に焦点を当てた社会学的なプログラムや回復モデルの研究はきわめて遅れているのが現実である.筆者は長年にわたる断酒会の参与観察の結果,アルコール依存症になる経過およびそれからの回復過程を以下のような「社会学的モデル」で表すのが適当ではないかと考えている(第6章で提示する修正モデル＝モデル[II]との関連で,このモデルを標準モデル＝モデル[I]と呼んでおく).

モデル［Ⅰ］：〈アルコール依存症からの回復過程に関する社会学的モデル〉（22段階）

（1） 間違った飲酒習慣の持続
（2） 家族（主に妻）・職場等身近な人間関係からの孤立
（3） 一般社会および身近な人たちからのマイナス・イメージの付与
（4） マイナスの自己イメージの受容と深化
（5） アルコール依存の進行
（6） 医療・行政機関との接触
（7） 治療開始（断酒）
（8） 医療・行政関係者による家族（主に妻）の説得
（9） 家族（主に妻）の理解と協力の確保
（10） 家族（主に妻）による酒害者の受容
（11） 酒害者の不安の解消および安心の獲得
（12） 酒害者の自信回復・アイデンティティの獲得
（13） 酒害者によるマイナス自己イメージの修正
（14） 断酒継続（家族ぐるみの例会出席：主に妻同伴による例会出席）
（15） 仕事への復帰と同僚からの受容
（16） プラスの自己イメージの形成
（17） 地域活動への参加
（18） 地域社会からの受容
（19） プラスの自己イメージの拡大
（20） 酒害についての相談・教育・啓蒙活動への従事と展開
（21） 自己アイデンティティの確立

(22) アルコール依存症からの回復

　このモデルに記した各項目の順番（数字）は，個別事例により前後し得る．またこの中の一部項目が削除されたり，あるいは逆に新しい項目が追加されたりすることも当然あり得る．アルコール依存症からの回復は一生涯にわたる取り組みである．各項目のどの段階からもそれ以前の段階へ戻り得るし，例えば (20), (21), (22) の項目に該当する生活を送っている人でも，何らかのきっかけで再飲酒し (1), (2), (3) 等の項目に逆戻りすることは日常的に生起していることである．アルコール依存症に回復はあっても治癒はないという意味はそのことを指している．(20), (21), (22) の段階に達したなら逆戻り（再飲酒）はないという仮説は後で紹介する事例を含めて成立しないのである．

　さて，上記した回復へのモデルの中で，自己イメージを修正していく過程において酒害者が遭遇する社会関係の重要な位相 (Stage) が3つある．それは〈家族〉，〈職場・隣近所〉，〈マスコミ・文化などの全体社会〉である．回復のための全体モデルの中でも社会学者が最も興味を持つのはこうした位相である．もちろん酒害者全員がこの3つの社会関係位相すべてに遭遇するわけではない．1つないし2つの位相にとどまる場合もありうる．断酒経験の浅い人は，家族との信頼関係の修復や，隣近所および職場での人間関係の良好な維持にエネルギーを割くだけで精一杯である．しかし断酒歴を重ね，支部のリーダーとして後輩の生活面での面倒をみたり，各種行政機関や病院等との交渉事が増えるにつれて，国や地方自治体の制度が立ちふさがったり，マスコミ，酒類製造・販売会社等とやりあったりする場面が出てくる．

酒害者はそれぞれの場面で壁に突き当たり，跳ね返され，また挑戦していく．そうした経験を積み重ねる中で，彼らは自己のイメージを変え，アイデンティティを回復していくのである．これらの位相は，通常それぞれ順序を示す「段階」（ステップ）を表しているが，同時にそれらは順序からは独立した「類型」（タイプ）としても考えることができる．当然のことながらこれら3つの位相は截然と区別される場合もあれば，部分的に重なり合うケースもある．

モデル［Ⅰ］：〈全体モデルの中における3つの重要な社会関係位相〉

第1位相 ここでは例会出席が何よりも優先され，断酒会の先輩たちの基本的生活習慣を模倣・学習することによって，家族や断酒仲間等，身近な人たちから普通の「人間」として認知，受容される．ここは「人間」としての自信を取り戻す過程であり，喪失した自己を少しずつ回復していく場面である．

第2位相 ここはリハビリを含め，職場生活への復帰を試み，その定着化を図る位相であり，職場や地域社会への協力・協調といった姿勢が重視される．また交通安全運動，地元の祭りなど地域活動へ参加・協力することを通して，地域の人びとから一人前の「社会人」としての認知を獲得する過程である．

第3位相 断酒人の先輩として後輩の指導・世話をし，まだ会に入っていない一般の人たちの酒害相談にも応じる．さらに世間の酒害者に対する偏見やレッテル張

りに抗議し，酒害者の権利の主張や人権の擁護にあたる．さらにアルコール問題に関する社会的啓蒙活動を展開する．この位相では社会への協力・協調姿勢だけではなく，酒害者としての自己主張や社会の飲酒習慣への批判的見解が現れ，そうした活動を通して自己アイデンティティを確立していく．

　これら3つの位相に関しては，基本的に1→2→3といった「ステージ」を踏むケースが多く観察される．しかし，さまざまな事情で，2→3→(1)，3→2→(1)（現在のところ迷惑を蒙った妻，子供など家族が患者を許してくれていないタイプ），1→3→(2)，3→1→(2)（現在のところ迷惑を蒙った職場や隣近所などの地域社会が患者を許してくれていないタイプ）といったように基本形とは別の「ステージ」を踏むケースも存在する．さらに全体図のところでも指摘したように，社会関係場面に限ってみても，ある特定個人の断酒生活を長期的に追跡した場合，ある時点までは1→2ないし1→2→3といった「ステージ」を踏んでいても，その後何らかのきっかけで再飲酒し，第1位相に戻るケースはしばしば存在する．すなわち1→2→1，1→2→3→1などのケースがそれに該当する．研究者が患者の回復過程をどの程度の時間枠で，どの局面に焦点を当てて分析するかによって，多様な「ステージ」の存在が想定され得る．ある特定の個人がどのような「ステージ」を踏んで回復（あるいは失敗：再飲酒）の道筋をたどるのかは経験的検証を必要とする性格の問題である．

第4章 酒害者の「イメージ」と「自立」の問題　81

第5節　社会的啓蒙活動とアイデンティティの確立

　本章においては，社会関係の第1，第2位相を経て，自己アイデンティティを獲得しようと格闘する1人の酒害者の事例を，第3位相に焦点を当てて追跡してみることにする．

　池田倫子は，40代のアメシスト（女性酒害者）である．東京の大学に在学中にアルコール依存症に陥り，精神病院の入退院を40数回繰り返し，17年間にわたってアルコール地獄を彷徨してきた．断酒後は出身地であり，親元でもある長野県に戻り，学習塾を長年に渡り経営していた．現在は，同じ酒害者である男性（山形在住）と結婚して山形県に移り，長野時代の経験を生かして家庭教師の仕事を続けつつ，アルコール問題の啓蒙活動に携わっている．彼女自身も回復の全体図，および社会関係位相での行ったり来たりを経験している[13]．

　平成10年1月4日，TBSテレビが「報道特集」という番組で酒害者問題を取り上げた．その時期は池田が長野県においてアメシスト支部を立ち上げ，断酒会活動を積極的に展開していた時期とちょうど重なる．番組の狙いは1人の講談師（神田愛山，当時43歳）の生き方を通してアルコール依存症の実態を伝えることと，アルコール依存症治療の最前線を紹介しようとするところにあった．番組はまず神田がアルコール依存症になった動機や生活の様子を紹介する．彼は講談界のある賞を当然自分が取れるものと信じていた．だがあろうことか，「弟」弟子にその賞を先に取られてしまう．それがもとで，酒を大量かつ連続的に飲むように

なり，部屋に飾ってある花を食べたり，失禁したりするようになる．講談の仕事にも穴をあけるようになる．師匠は神田を休業させ，実家に帰して酒を断ってくるよう命じる．彼は故郷の断酒会に入会して酒を断ち，1年後に復帰を果たす．その後，氏は自分のアルコール依存症体験を講談のテーマとして取り入れることによって，「アル中」講談師として世に知られるようになる．

そんな噂を聞きつけた一人の女性酒害者（二本松泰子，当時31歳，フリーライター）が断酒の相談に神田の下を訪れる．彼女は酒を飲むとブレーキがきかなくなり，ゆきずりの男性と関係を持ってしまういわゆる「セックス依存症」にも悩み，そんな自分が嫌で酒を断とうと苦しんでいた．二本松は自分のアルコール体験を素材にしてオープンに講談をする神田の生き方に共鳴し，やがて彼のアパートに同居して断酒生活を送るようになる．

また，二本松が講談用の台本を書き，神田がそれを話すという協力体制もできた．さらに神田氏は文化庁主催の芸術祭にアルコール依存症をテーマにした講談で挑戦している．3度続けて挑んだが，いずれも入選することはできなかった．

こうした神田の生活紹介の合間，合間に，テレビ画面では，一般的な酒害者の症状や治療の現場の紹介がなされていた．アンケート調査表を使った簡便なアルコール依存症の自己判別法，特に重症のアルコール依存症患者にみられる幻覚症状の例（虫が部屋やベッドあるいは身体を這い回っているように見えるケース）などが神田の生活ドラマの進行とは別に，客観的に，しかし強いインパクトを与えつつ紹介されていた．また東京都豊島区のあるクリニックで行われているデイケアの内容（酒量抑制剤の効果，ア

ルコール・ミーティングの様子）などが具体的映像を通して映し出されていた．また，この番組の取材に応じた酒害者がインタビューの4日後には死亡してしまった．このような生死の境を生きている人の迫力あるインタビューや，腹を切って自殺を図ったが死に切れなかった酒害者の身体に残された大きな傷跡の映像など衝撃度の大きな画面も映し出されていた．

最後に取材記者は現代人の心にあいた穴をふさぐ物，つまりふたがみつかるかどうかが，アルコール依存症に陥るかどうかの分かれ目であると比喩的な言い方をして番組を締め括っていた．その記者は心の穴を塞ぐもの，心の蓋が具体的に何を指すのかには言及しなかった．そして番組の最後に「ご意見をお寄せ下さい」というテロップがついていた．

この番組に対して池田は，以下のような批判的意見をTBSによせると同時に，自ら主宰する機関誌『しなのアメシスト』にその意見を掲載している．[14] その批判点は大きく分けて2つある．ひとつはアルコール依存症からの回復を目指して奮闘している登場人物自身に関する論点であり，いまひとつはこれらの人物を報道の柱に据えた番組スタッフの報道姿勢，報道意図に関するものである．

まず，第一の論点からみていこう．番組の柱となっている登場人物は神田，二本松の2人である．池田の批判は神田よりは同じアメシストである二本松に対してより厳しい．まず神田に対する批判からみていこう．神田は断酒会に入会し，酒をやめて15年になるという．断酒歴としては決して短い方ではない．しかしそれだけの期間断酒しても，「まだ自分が飲みだした時のきっかけ

を恨みがましくもち続け，依存症に陥った根であると公言してはばからないというのはどう考えても回復している姿とは思えません．酒害からの真の回復とは断酒した継続期間だけが問題ではない」のである．[15] かりに酒を絶とうとした初発の動機が，自分を見くびった仲間たちを「見返してやる」，「復讐してやりたい」というものであったとしても，10年以上の断酒歴を持つ断酒会人ならば，「断酒新生指針」を承知しているはずである．「自分を率直に語る」のは良いことであり，必要なことでもある．なぜなら指針の②には，「断酒例会に出席し自分を率直に語る」とあるのだから．[16] しかし神田の発言は例会の場での初心者の話としては，理解され，激励もされよう．だが全国放送されるテレビの看板番組の中での発言としては，誤解を招く恐れがある．

神田は，文化庁主催の芸術祭へ3度もエントリーするという異例の挑戦をしたわけであるが，彼の講談を聴いていた文化庁のある審査委員は神田が「何を言いたいのかわからない」と婉曲にコメントしていた．この審査員は神田の執拗とも思える芸術祭挑戦の動機に違和感を抱いていたのかもしれない．

もちろん断酒会の側に属する人の中には，審査員のこうしたコメントの中に酒害者に対する偏見や差別の臭いを感じた人もいた．他方また，同じ断酒仲間である神田の上述した発言の中に酒害からの回復の遅れをみて取った人もいた．

「断酒新生指針」の⑤には「自分を改革する努力をし，新しい人生を創る」，[17] ⑦には「断酒の歓びを酒害に悩む人たちに伝える」ともある．[18] こうした方向で，自分の断酒生活を捉える視点が氏の講談の中でもう少し強調されても良かったのではないだろうか．

さらに中堅の断酒会人としてもう少し「場」(全国ネットでのテレビ放映)をわきまえた発言があっても良かったのかもしれない．そうした意味では池田が言う通り神田は「回復の遅い」タイプの酒害者であろう．神田本人の意図は別として，番組スタッフがなぜこうしたタイプの酒害者を番組の主役に据えたのであろうか．その適否の問題は後に検討することにする．

次にもう1人の主役である二本松の問題をみてみよう．池田によれば二本松の問題点の第一は，彼女の「マスコミへの登場の仕方」，「マスコミでの扱われ方」にあるという．彼女はTBSのこの番組に出演する以前に，刺激的な表題と衝撃的な内容の手記を発表し一躍マスコミから注目を浴びていた．TBSのこの番組では，二本松本人の映像とともに，彼女の手記に記されているやや煽情的ともいえる文章が読み上げられていた．

「私は飲めば必ず男が欲しくなり，やってくれれば誰とでもセックスしてしまうことが習慣になり，そのうちセックスしたさに酒を飲んでは男漁りに酒場をウロつく．飲酒の酩酊感とセックスの恍惚感がセットで癖になってしまった．〈セックス依存症〉とでもいおうか」[19]

「日常生活の中で乗り越えられそうもない悩みや葛藤に苛まれていたそのころの私には一時的にでも，いい顔をしてくれ，甘やかしてくれる人が欲しかった．酒の酩酊で理性を壊し，男を漁る．本当の自分はいろんな男が一時的に私を賞賛してくれ，お手軽にセックスすることでしか慰められなくなっていたのだ」[20]

池田によれば，二本松のアルコール依存症は自らが語っている酒歴から判断するとそれほど重症とは思えないという．彼女の場

合にはアルコール依存症自体よりはセックス依存症の方が問題である．たまたま二本松の場合はアルコール依存症とセックス依存症とが結びついていたけれども，すべての女性酒害者がセックス依存症者ではないし，大多数のアメシストはそうではない．つまり，二本松はアメシストの中では少数派ないし例外タイプなのである．だがその例外タイプがアルコール依存症の紹介番組の主役に据えられたのである．

　第二に，二本松は体験談を語る際，アメシストたちの暗黙の礼儀を無視しているという．アメシストは体験談を語る場で，どのような人が聴いているのかを踏まえて発言するのが礼儀なのである．研修会の本会場で，男性，家族などさまざまな立場の人がいる時には「酒害者」としての自分を語る．分科会であるアメシスト部会では，女性の酒害者だけが集まっている場なので「女性」でなければ分かち合えない痛みや悩みにも話が及ぶ．そして一泊の研修会のおり，夜枕を並べてしか話せないような話題（池田氏によれば二本松のテレビでの話はまさにこの種の話に該当するのだが）は，そのときに打ち明け合う．これがアメシストたちの暗黙の礼儀なのである．

　「自分の気の向くままに自分さえ気が済めばいいと周りの意向も無視した体験談を語ることは，回復を目指すアルコール依存症の女性酒害者としてあるべき姿ではありません」というのが池田氏の二本松氏に対する批判点であった[21]．

　批判の第三は，二本松における「断酒の啓発活動」への姿勢についてである．先に述べたように「断酒新生指針」の⑦には「断酒の喜びを酒害に悩む人たちに伝える」とあり，さらに「断酒会

規範」⑧には「断酒会は酒害相談はもとより、啓発活動を通して社会に貢献する」とある。池田によれば二本松の意識の中にはこの「啓発活動」についての自覚が欠如しているのではないかという。ただしこの批判にはひとつの前提が必要である。「断酒新生指針」や「断酒会規範」は全断連加盟の断酒会会員に適用されるものであり、日本におけるひとつの代表的な断酒理念を掲げたものである。断酒会に入会した会員はみなこれを守り、目指すことを期待されている。それはいわば断酒会員のバイブルといってもよい。神田愛山は明確な断酒会員である。ただ二本松については著作やテレビでの発言だけからでは断酒会会員であるかどうかすぐには判断できない。もし会員でなければ「断酒新生指針」も「断酒会規範」も気にする必要はない。啓蒙活動を通しての社会的貢献など、やりたければやればよいし、やりたくなければやらなくてよい。自分流の仕方で断酒すればよいだけのことである。ただ、二本松は話題となった手記の中で以下のように記している。

「アルコール依存症患者とその家族の自助組織である断酒会という酒害相談活動グループがある。……私と愛山は二人でこの断酒会を実行し続け、私にとって愛山はかけがえのない救いとなったのである」[23]

ここで記されている断酒会、愛山と２人で実行した断酒会は彼女がその会員になったかどうかは別として、全断連の理念に指導された断酒会であると推測される。そしてその実行の結果、二本松は「１年９ケ月だが酒は止められている」[24]のである。池田は、もし二本松に全断連の断酒理念に共鳴できる点があるならば、以

下のような池田の主張が理解できるはずだと主張する．女性酒害者が目指すところは，

「飲めなくなった体を引き摺り，ただ仕方なく生きるのではなく，お酒とは違うところに生きる意義を見いだしてもうひとつの人生を歩むことです．ではそのために何をすべきかというと，各個人が自分自身の断酒後の生活を再構築することはもちろんですが，それと平行してなされねばならないのが，世間一般の女の酒飲み，女のアル中の形容詞としての〈酒は飲む，タバコは吸う，男にはだらしない……〉という見做され方をすこしでも軽減される方向にもっていくための努力だと思うのです」[25]

ところが，二本松のマスコミへの登場の仕方は，こうした社会的偏見，酒害者についてのマイナスイメージを軽減するよりはむしろそれを強化する危険性さえ孕んでいるのではないかと池田氏は危惧する．彼女の発言は世間の人びとのたんなる好奇心を満たしたり，話のネタを提供するだけに終わったり，あるいはアルコール依存症についての正しい知識を持ち合わせていない一般の人びとから「女のアル中っていうのは，みんなあんな飲み方をしていたのか」と誤解されたりする恐れが多分にあるのである．

次に，池田の番組スタッフの報道姿勢，報道意図に対する批判をみておこう．まず第一に，酒害者問題をとりあげる番組において，アルコール依存症からの回復が遅いタイプの神田とアルコール依存症としては軽症で，むしろ「セックス依存症」の方が重症と思われる二本松の2人を主役に据えたために，現代日本社会における最大公約数的な酒害者の姿，一般的，平均的な酒害者の実情が番組に反映されていないと考えられる点である．

第二に，二本松個人の行動自体が，アルコール依存症についての偏見やマイナスイメージを強化する結果につながっているわけであるが，彼女の行動特性が全国ネットのゴールデンタイムに放映される人気番組と結びつく時，その影響の大きさは，彼女の現実的生活空間をはるかに越えて拡大していくのである．そこに彼女の個人責任という次元を超えて，マスメディア側の責任，すなわちこの番組スタッフの責任が問われるのである．二本松はアメシストとしては少数派のタイプであり，むしろ例外タイプといった方がよいかもしれない．にもかかわらず番組の視聴者が女性酒害者は皆，二本松のようになってしまうのだと誤解して受け取りかねない危険性を持っている．アルコール依存症の啓発活動に真剣に取り組んでいる池田の立場からすれば，今回の報道は，番組制作者の意図はどうあれ，酒害者についての社会的偏見を強化する役割を果たしていると判断されたのである．

　第三に，池田は番組の制作姿勢にも疑問を呈している．特に番組による二本松の取り上げ方は，アルコール依存症よりはセックス依存症の方に焦点が当てられていて，視聴者の好奇心や興味心を煽る内容にみえた．彼女の場合，その特異なセックス行動の部分を除けば，女性酒害者としてこの番組の主役に据えられる理由が他には見当たらなかった．同様に，一般の酒害者が示す客観的症状の紹介フィルム場面でも幻覚症状に焦点が当てられていた．また，切腹自殺未遂の傷痕のクローズアップ場面やインタビューして数日後の死去例の紹介など，全体としてアルコール依存症の〈恐怖〉を強調する構成に終始していた．逆にいえばアルコール依存症から立ち直ろうと，真剣に，まじめに断酒生活に取り組ん

でいる人びと，残された「もう一つの人生」を生き直している人びとの姿が，番組の中では脇に押しやられていた．アルコール依存症とはこんなに怖い病気なのですよ，といった紹介の仕方だけではバランスを欠いているのではないかというのが池田氏の番組スタッフに対する疑問であった．

池田によれば以上のような投書に対し，TBSの番組スタッフからの返答は，池田の立場からの意見に一定の理解を示すと同時に，この番組の持つ社会的意義を強調し，番組制作の意図や姿勢に基本的な間違いがあるとは思わないという趣旨であったという．

確かに，池田とTBS番組スタッフとの論争の結末も社会学的には興味深い．しかし同時に，池田がこのようなアルコール問題に関する番組報道に積極的にかかわることによって自己アイデンティティを獲得していくプロセスにも興味が惹かれる．

先に述べたように，池田は大学卒業前後からアルコール依存症のため精神科病院の入退院を繰り返していた[26]．この時期の氏と両親の関係は「親でも子でもない」「出て行け」「帰ってくるな」といった怒鳴りあいの言葉に凝縮されているように，断絶ないし対立関係を軸として展開していた．しかしアル中地獄の修羅をさまよったあげく，やはり戻るところは両親の下しかなかった．池田は故郷の断酒会へ入会し，先輩たちの指導を受けて新しい生活を送るようになる．この時期，彼女も両親もアルコール地獄からの生還をともに喜びあい，両者の関係はこれまでの反目から相互受容の関係へ移行しつつあった（社会関係の第1位相）．

やがて，池田は地域断酒会から独立した女性酒害者の会を立ち

上げたいと考えるようになる．信州の狭い田舎町で，しかも独身の女性が酒害者の名乗りをあげ，同病者を募ったのである．世間体など古い社会規範の中で生きてきた両親たちにしてみれば「嫁入り前の娘なのだから，おとなしく例会通いをしていてくれればいいのに」という思いもあり，再び彼女との間に緊張関係が発生する．

しかしアルコール漬けだった過去の生活を悔悟し，自分の人生を見つめ直し，酒を断って生きることは恥ずかしいことではない．そうした確信を強めていた池田は，アメシスト部会の機関紙を行政機関等へ配布し始める．また地元のテレビやラジオに出演してアルコール依存症の正しい知識を知ってもらおうとする．やがて近隣地域から同病者が助けを求めて集まってくるようになる．両親もそうした娘の活動を認め，支援するようになる．また地域の関係者からの理解も少しずつ得られるようになる（社会関係の第2から第3位相へ）．

こうした実績を積み重ねていった結果，TBS報道のように酒害者に対する社会的偏見やレッテル張りにつながる危険を伴った報道に抗議し，それと対決することを通してアルコール問題に関する社会的啓蒙活動を展開することになる．この生活は酒に溺れた時代には想像もつかない「もう一つの人生」「生き直しの人生」である．それは断酒の喜びによって導かれ，胸を張って生きることのできる生活である．酒害者が真の自己イメージを形成し，自己アイデンティティを確立するのはこの生活の中においてなのである．

池田がTBSの番組スタッフの認識に疑問を呈し，その報道姿

勢を批判することは，断酒会の結成目的に照らしてみて重要である．それと同時に，そうした活動を通して酒地獄の中に消失してきた自己アイデンティティを取り戻すこともまた重要なのである．池田の投書行為はまさにそうした試みのひとつであった（社会関係の第3位相）．

第6節　援助活動と「自立」の問題

アルコール依存症の治療活動や援助活動の最終目標が病気の回復にあることはいうまでもない．つまりそれは身体的，精神的，社会・経済的「自立」の達成を意味する．そのことを前提とした上で，「自立」問題の今後検討すべき課題を若干記しておきたい．

アルコール依存症からの回復支援に取り組む現場には，病院をはじめとしてさまざまな次元と形態がある．いずれにしても，身近な家族から始まって，断酒会等の自助団体，地域社会，そして地方自治体や国までが一体となって初めて，アルコール依存症の回復努力は実を結ぶといってよい．

ところで，近年酒害者の「甘え」や「依存」の意識，行動が過度にマイナス評価され，逆に彼らに「自立」意識や行動をややせっかちに要請する傾向が散見される．アルコール依存症について十分な知識をもたず，古い時代からの偏見から抜け出ていない一般の人たちがそうした誤解と混乱の中で行動するのはある程度理解できるし，やむを得ない側面もある．

問題はアルコール依存症について一定の知識を持ち，酒害者を支援する行動に携わっている人びと，すなわち酒害者の援助活動

第 4 章 酒害者の「イメージ」と「自立」の問題　93

者の間にさえ，そうした誤解と混乱が存在していることである．そしてこのことが一面では酒害者のアルコール依存症からの回復の遅れや，アルコール依存症からの回復率の低下を引き起こす危険性をはらんでいる．

アルコールへの「依存」意識や「依存」行動がマイナスに評価されるのは当然だとしても，「依存」意識，「依存」行動一般がマイナスであるわけではない．「依存」の原型は〈裸で他者の懐に飛び込むこと〉にあり，「依存」が〈人間関係における信頼感を形成する基礎〉をなしている[27]．このことは〈乳児期における母子関係〉をみれば明らかである[28]．酒害者を支援する仕事に携わっている人びとは，酒害者の「依存」意識や「依存」行動そのものをマイナス評価するのではなく，とりあえず，「依存」の対象を〈アルコール〉から〈家族・自助グループの仲間・病院等関係機関のスタッフ〉へと転換させることが大切である．

支援者たちはまた，酒害者の「自立」意識や「自立」行動が彼ら自身の内から自発的に発現してくるよう環境を整えてやることが何よりも大切であるし，時にはそれが発現してくるのを辛抱強く待つことが必要な場合もある．そうした配慮を欠いたまま外部から「自立」を強要し，あるいはせっかちに期待することはマイナスの効果を生みがちである．

各地の断酒例会や研修会において，家族等身近な人からの過度の「自立」要求や期待が逆に過剰飲酒を誘発し，アルコール依存症の原因になり，あるいはアルコール依存症からの回復過程にある酒害者を断酒継続の失敗に追い込んでしまった経験談が数多く報告されている（筆者の社会関係位相のモデル図でいえば，1→

2→1や1→2→3→1などのケースがそれに該当する).

家族以外で,酒害者を身近で支援する人びとの側にも考慮すべき問題点がある.酒害者の友人,知人,アルコール関連機関で働く看護師,保健士,地域社会で支援しているケースワーカー,民生委員等の中には,幼少期に十分な「甘え」や「依存」を経験してこなかった人,幼くして「自立」を余儀なくされた人びともいる.そしていわば辛苦に耐え,それを克服して現在の専門的地位を獲得したがゆえに,自分に対して自信があるだけではなく,他者に対しても高い達成水準を厳しく求める傾向がある.彼らの酒害者に関する平均的認識は「どうしてこの程度の自立行動ができないのだろうか」といったところにある.酒害者たちの「甘え」や「依存」の意識と行動はしばしば彼らの理解を超えてしまうのである.

一般に「愛された経験」「甘えた経験」を十分持たなかった頑張り屋さんほど,他者に対して厳しい要求をする傾向がある.この頑張り屋さんタイプが酒害者の支援を職業とする立場になった時,しばしばせっかちな「自立」要求が発動されがちである.もちろん筆者は支援活動に携わる人びとは酒害者のためにあらゆる犠牲を払って献身すべきだといった時代錯誤的主張をするつもりはない.彼らの多くは専門職人として酒害者に限定的にかかわっているのである.時として自分たちの援助行為が〈シシュフォスの試み〉と思えることもあろう.彼らがそうした仕事の特性から生じがちな職業的燃え尽きを防止するために,患者と一定の距離を置き,酒害者の「自立」的行動を慫慂するのは理解できるところである.

そうした前提を置いた上で，一般の社会成員や「頑張り屋さん」タイプの人を含めて，アルコール依存症についての知識を持ち，酒害者に対して理解を示してくれる人たちには，〈自立には甘えが必要〉，〈依存が自立を促す〉，〈依存体験を欠いた自立は自立不全につながる可能性がある〉という複眼的認識を今以上に持ってもらいたいと思う．

【注】

1) 松下武志「逸脱者についての主観的イメージに関する比較研究」『京都教育大学紀要』Vol.92　1998, 66-67頁．
2) 松下武志「島根における断酒会活動の歴史と現状」『島根大学法文学部文学科紀要』第8号-Ⅰ，1985, 154-155頁．
3) 『躍進する全断連』全日本断酒連盟　2002．
4) こうした活動は全国各地で多くの地域断酒会が実践しており，地域の人びとの注目度も高く，断酒会にとっては「イメージ」改善という戦略上重要な活動になっている．広島断酒ふたば会はこの種の活動が最も活発な団体のひとつである．ふたば会では飲酒運転追放パレードを開始してからすでに30年近くなり，毎年この活動の実態を写真入りで詳細に機関誌で紹介している広島断酒ふたば会『広島断酒ふたば』No.399, 2000年9月1日，5-6頁）．
5) 『旅立ち』救護施設・新生園　第18号　1999, 47頁．
6) 立岩真也「自立」庄司洋子ほか編『社会福祉事典』弘文堂　1999, 520-521頁．
7) 中田陽造『アルコール依存症と断酒会』大阪大学医科大学集団社会医学部門　1996, 33頁．
8) 遠藤優子「臨床から見た共依存・アダルトチルドレン問題」『共依存とアディクション』培風館　2001, 121頁．
9) 清水新二「家族と共依存」『共依存とアディクション』倍風館　2001, 35頁．
10) 遠藤優子，前掲書，121頁．

11) 猪野亜朗「アルコール依存症の夫を持つ妻の嗜癖傾向を知る質問紙法 ASTWA」『臨床精神医学』増刊号　1996, 406-413頁.
12) 松田隆夫・水野淳一郎「アルコール依存症とデイケア」『こころの科学』(91) 2000, 37頁.
13) 池田氏の断酒歴については自伝的エッセイ『描きかけの油彩画』〔Ⅰ～Ⅴ〕を参照のこと. 以下の第1位相から第3位相までの池田の酒歴についての記述は彼女自身の手による自伝的エッセイ『描きかけのキャンバス』〔Ⅰ～Ⅳ〕を参考に筆者がまとめたものである.
14) 池田倫子『機関紙 しなのアメシスト』(1-20合併号) 1999, 44-45頁.
15) 同上, 45頁.
16) 『指針と規範』全日本断酒連盟　1991, 8頁.
17) 同上, 29頁.
18) 同上, 41頁.
19) 二本松素子「酒に溺れセックス依存症に陥った私の地獄の日々からの脱出体験記」『噂の真相』5月号　1997, 87頁.
20) 同上, 87頁.
21) 池田倫子, 前掲書, 45頁.
22) 全日本断酒連盟, 前掲書, 87頁.
23) 二本松素子, 前掲書, 92頁.
24) 同上, 92頁.
25) 池田倫子, 前掲書, 44頁.
26) 第1位相から第3位相までの池田の酒歴についての記述は彼女自身の手による自伝的エッセイ『描きかけのキャンバス』〔Ⅰ～Ⅳ〕を参考に筆者がまとめたものである.
27) 畠中宗一『家族臨床の社会学』世界思想社　2000, 64頁.
28) 土居健郎『「甘え」の構造』弘文堂　2001, 106頁.

第5章

酒害者における「甘え」と「自立」

本章では，まず酒害者が持つ2つの相反するイメージの実態を明らかにする．次に「甘え」や「依存」といった態度や行動が持つ積極的機能に注目し，それが人間関係における信頼感や一体感を醸成する基礎であり，アルコール依存症からの回復には不可欠な要素であることを明らかにする．

とりわけ現代社会で進行している組織の開放原則や，家族における個人主義的価値観の浸透と「甘え」や「依存」の機能をどう適合させるべきかを考察する．またアメシストの場合，「甘え」や「依存」が女性役割回復に偏向した場合，夫や男性への無批判的同調や盲目的服従につながる危険性を指摘する．

第1節　酒害者の2つのイメージ

これまで「アルコール中毒」，通称「アル中」と呼ばれてきた名称が，近年アルコール依存症とハイカラに呼び名を変えられたにもかかわらず，普通の日本人が酒害者について抱くイメージは，それほど変化していない．その代表的なイメージとは「汚い」「だらしない」「投げやり」「無責任」等々といったものである．一般的には酒害者に対して抱かれるイメージは，この病気の最悪期の状態を原像として形成され，具体的には単身路上生活者

（ホームレス）である酒害者の姿に収斂する．他方この病気から回復した人（この人もまた酒害者であることに変わりはないのだが）の実像は一般の人が酒害者について持つイメージの枠外にあるといってよい．すなわち彼らの実像は「汚い」「怠け者」等のイメージとはほど遠い．むしろ正反対のイメージ（例えば「やる気」「勤勉」「責任感」「求道者」）に近い．にもかかわらず彼らはアルコール依存症の原像によって一括りにされる現実と直面し，それと苦闘しなければならない．酒害者の「自立」の難しさ，「甘え」の許されない厳しさの一端はこの点にある．

しかし一口に酒害者といっても，そこにはさまざまな病気の段階があり，彼らの様態も社会構造の変化と共に近年多様化してきている．そして，酒害者に関する社会的認識も徐々に改善されつつある．酒害者を旧態依然とした「アル中」イメージで捉える人びとが未だ過半だとはいえ，彼らを酒害者として捉え，彼らの「自立」のために理解と協力を示す人びともいる．本章では後者の立場から，彼らの抱えている多様な「自立」や「甘え」の内容と問題点の一端を明らかにしたい．

第2節　断酒会組織の開放原理と「自立」した会員像

全日本断酒連盟加入の断酒会は開放原理を組織の原則としている．つまり断酒会の会員になろうとする人は，入会に際して自らの住所，氏名等を届け出なければならない．また断酒会活動の中心になる断酒例会は地域に対して開放されている．そこでは，所属支部や氏名を名乗った上で，自分がこれまでどんな酒の飲み方

をしてきたか，だれにどんな迷惑をかけてきたかを，反省的意味を込めて正直に話すことが求められる．断酒例会には非会員である地域住民はもとより，だれでもオブザーバーとして，自由に参加することができる．したがって，断酒会員になると自分自身はもとより自分の家族の経歴や身上を地域住民に知られてしまう可能性がある．

同じ酒害者の自助組織であるA・Aは閉鎖原理を基本として会を運営している．すなわち会員は相互に匿名であり，断酒ミーティングは地域社会に対して開放されていない．これに対して，断酒会が開放原理を採用したのは，酒害者についての社会的偏見やレッテル張りから会員を守るために名前を明かさないやり方は，消極的で受動的な姿勢であり，それとは反対に積極的に社会へ打って出，世間の偏見やレッテル張りを打破することこそ真に酒害者を守ることになるのだと考えたからであった．

世間には酒害者は「怠け者」であり，自分の力では立ち直れない「意志薄弱者」であるといった固定観念が根強く存在している．医師からみればアルコール依存症は病気であり，治療すれば回復する病のひとつに過ぎない．アルコール依存症について正しい知識をもっている人にとってもそれは常識である．しかし社会全体としてみた場合，そうした認識を持っている人はまだ少数に過ぎない．全断連では酒害者が一丸となって社会に打って出，世間のそうした固定観念と戦い，それを緩和，解消していく行動を行うことによって初めて，社会的に「自立」した人間になっていけると考えたのである．

また断酒会内部の人間関係のあり方としてみると，会員同士が

秘密を持ったまま寄り合うよりは，それぞれがすべてをさらけ出して，いわば裸でつきあうことによって，強い連帯意識を持つことができる．その結果として断酒という共通の目標を一体となって追求できることになる．こうした態度，行動は断酒会という〈集団への信頼〉を意味し，〈安心して身を任せることができる〉という点で，語の原義的意味での「甘え」という考え方に通じる．ちなみに「甘え」の定義としては土居健郎の「乳児が母親に密着することを求めること」「人間存在に本来つきものの分離の事実を否定し，分離の痛みを止揚しようとすること」といった定義がポピュラーだが，本書では「甘え」を「依存」や「信頼感」「愛されているという実感」等の概念で説明しようとしている畠中宗一の考え方に依拠している[1]．

　会員の匿名制やプライバシーは犠牲になっても，お互いが隠し立てのないつきあいをすることによって仲間意識を高め，相互に助け合いながら断酒という同じ生活目標を達成しようとするのである．断酒会員はお互いをさらけ出し合っている．お互いの表も裏も知り合い，許し合っているからこそ，親身になって相談し合い，助け合うのである．断酒会の場では「甘え」が許されるし，「甘え」が与えられもする．したがってメンバーの断酒会に対する帰属意識，一体感は強い．彼らは断酒会に対して高い忠誠心を持っている．断酒会員は匿名性やプライバシーがはぎとられた関係において初めて生身の人間同士の，掛け値のない真剣なやりとりがなされるのだと考える．氏名等が特定化された具体的人間が，ある時は対等な仲間として，また別の場面では先輩・後輩関係，あるいはリーダー・フォロアー関係の中で，生きた酒害体験

を伝授，交換し合う場が断酒会なのである．畠中が指摘しているように，「依存」の原型が「裸で他者の懐に飛び込むこと」にあり，「依存」が「信頼感を形成する基礎」だとすれば[2]，断酒会へ十分に「依存」した，すなわち断酒会に「甘え」た経験を持つ者だけが，アルコール依存症という病気からの回復（「自立」）を勝ち取ることができると考えられる．

第3節　家族ぐるみの例会参加

　日本の断酒会，すなわち全断連の傘下にある断酒会はすべて，その発足の当初からアルコール依存症を家族ぐるみの病気として捉えてきた歴史がある．したがって，断酒会はアルコール依存症にかかった酒害者本人だけの会ではなく，そうした酒害者を取り巻く家族を含んだ会であるという特徴を持っている．それゆえ，酒害者本人に断酒を成功させるためには，家族が本人と一緒になって断酒例会に出席することが大切だと，あらゆる機会，あらゆる場面で強調されてきた．

　これは全断連の基本方針であり，その傘下にある断酒会はすべて家族ぐるみによる断酒例会参加という方針に従っている．この方針は様々な医師の治療実績や多くの酒害者の断酒体験に基づいて提起されたものである[3]．

　確かにこれまでの断酒会の年齢構成をみてみると，配偶者のいる中年男性が量的に多数を占めてきた．そしてこの傾向は現在でも基本的に維持されてきている．したがってこれまでは断酒会のリーダーシップは中年の妻あり男性層が握ってきたのである．断

酒会の運営方針はこの中年妻あり男性層の抱える問題群を色濃く反映してきたとみることができる．家族ぐるみによる断酒への取り組みといった全断連の基本方針も，多くの医師たちによる治療経験の成果を踏まえたものであることは事実であるが，その背景には，従来中年の妻あり男性層が断酒会の年齢的，性別構成上の基本をなしていたという事実があったのである．だからこそ，家族ぐるみというスローガンの下に，とりわけ妻の理解と協力が求められ，その具体的形態として，断酒例会への妻の同伴出席が期待され，かつ称揚されたのであった．

ところで，こうした断酒会の方針と最近の社会構造の変化との間には，少なからぬズレが生じてきている．つまり最近の酒害者の中で女性，単身者，高齢者，若年者等の比率が相対的に増加してきている．これらの人たちのまわりには，協力者としていつも妻がいるとは限らなくなってきたのである．彼らの協力者は，年老いた親であったり，年若い兄弟姉妹だったりするし，あるいは時として，非親族の専門機関の職員だったりすることもある．

またかりに妻がいたとしても，妻にアルコール依存症の理解と協力を期待できない酒害者も決して少なくない．法的には妻帯者であっても，別居や家庭内別居等のために，事実上単身者の生活を余儀なくされるケースが増大してきている．

また，現代の日本社会においては，若年層を中心に夫婦間における個人主義的価値観が急速に広がりつつある．アルコール依存症になった夫との関係でいえば，「妻として自分は夫の飲酒について何度も注意をしつづけてきた．にもかかわらず，夫はそれを無視して飲酒し，アルコール依存症になった．だからその責任は

自分でとるべきである．夫は自分で立ち直るべきだし，それが出来ないのであれば，私は夫と別居ないし離婚をしたい」と訴えるタイプの妻が増えてきている．

特に，A・Aやフェミニズム運動と連携する自助団体からは，「家族の理解と協力があれば，アルコール依存症からの回復が高い確率で見込めるが，家族の理解と協力がなければ本人のアルコール依存症からの回復は見込みにくい」という断酒会流の考え方は支持されにくい．そもそもA・Aからすれば自助集団への参加は個人単位が原則である．フェミニズムの観点からみれば，妻が夫婦ということだけで無条件の理解と協力を求められても納得がいかない．まず夫が個人として男性として「自立」した人間であることが前提条件になる．したがって，アルコール依存症から回復する努力を自ら行い，それに成功してはじめてパートナーを維持する資格があると考える．

沈没する可能性が高いと判断される船（家族）からは，なるべく早くかつ出来るだけ多くの乗員を脱出させることこそ正義であり，最後まで船に残って乗員全員が海底に沈むのは賢明な選択ではないと考える．この問題は夫（酒害者）の人権と妻や子供の人権との合理的秤量の問題であり，時としてそれは家族員同士における人権と人権とのせめぎあいに発展せざるをえない性格を内包している．

こうした考えの人びとにとっては，断酒行動における「自立」が求められるべき価値態度なのである．酒をやめることが出来ないのは，過去の飲酒習慣の中で身についた酒への「甘え」が，「自立」して行わなければならない断酒行動においてもなお継続

しているからなのだと考える．過去における酒への「甘え」の代償はまずもって当人が自分で支払うべきであり，それを家族に持ち込むのは筋違いというものである．そして本人が病気を克服すれば（断酒に成功すれば），その時点で家族であることを継続するかどうかを改めて判断すればよいと考える．

他方，断酒会サイドからは，妻の夫に対する過度の「自立」要求や期待が，逆に夫の過剰飲酒を誘発してアルコール依存症の原因になったり，あるいは断酒継続の失敗につながった体験談が数多くなされている．そして，幼少期に充分な「甘え」や「依存」を経験してこなかった女性（すなわち愛されたという体験を充分に持てなかった女性）ほど，夫に対して過度な「自立」要求をする傾向が指摘されている．また，酒害者は，十分な「甘え」と「依存」が許容されてはじめて「自立」的回復が可能になっていくのだという認識を持っていない妻も多い．かりに妻がそうした認識を持っていても，経済条件や年齢など様々な要因から，それを行動として実践するための精神的，心理的余裕を持てなかったりするケースも少なくない．このような若年層を中心としてみられる夫婦関係や家族関係についての価値観や考え方の変化は，家族ぐるみによる断酒への取り組みという従来の基本方針を今まで以上に柔軟に展開すべき必要性を示唆しているように思える．

他方，断酒会員である男性からはもとより医療，行政関係者からも，現代の中年主婦層や若い妻たちに対し，アルコール依存症の夫に対し，もう少しおおらかさ，寛容さ，余裕等をもってのぞんで欲しいという注文と要望が，多くの断酒例会場，研修会場等で繰り返し提起されているのも反面の事実である．

アルコール依存症からの回復にとって，信頼感，一体感を醸成する基礎となる「甘え」の持つ積極的機能は大いに活用していくことが大切である．その意味で，現代社会において，特に若年女性層において進行している「甘え」の過少評価傾向は再考する余地があろう．アルコール依存症を克服するためには，「甘え」と「自立」を二項対立的にのみ考えるのではなく，「甘え」と「自立」を達成するための必要条件とみなし，両者の適切なバランスを求める努力こそが重要なのである．

第4節　アメシストと「自立」問題

かつては，酒害者といえば男性をイメージして考えられてきた．しかし，男女平等思想の浸透，女性による職場進出の増大等の社会変化を受けて，近年女性の酒害者が増大してきている．そして，女性の酒害者に対する世間の偏見と差別は男性のそれに対してよりもはるかに厳しいのが通例である．

アメシストは，大きく分けて3通りのタイプが存在する．第一は一般の男性会員と同じ扱いを受けるケースである．この場合アメシストは基本的に地域断酒会に所属し，地域例会に出席し，所属，氏名を明らかにして自己の酒害体験を語る．地域断酒会は開放原理に基づいて運営されているのでプライバシーは保護されない．このタイプのアメシストは，断酒歴が長く，活発に断酒会活動をし，時として会の世話役（役員や例会での司会役等）を務めることもある．彼女は地域社会において自分が断酒会員すなわち女性酒害者であることを隠そうとはしない．つまり個人的にも社

会的にも「自立」している．

　第二は，アメシストが各都道府県断酒会に付属する下部組織としてのアメシスト部会に所属するケースである．この場合断酒例会への出席は，原則として女性会員とその家族および会の責任者に限定される．アメシストによる例会は地域住民には開放されず，彼女たちのプライバシーは保護される．ただこのケースにおいては会の閉鎖制は段階的，過渡的措置として位置づけられている．彼女たちが個人としてまた社会人として「自立」性を高めるにつれて，地域断酒会における一般例会で自らの名前を堂々と名乗って体験発表ができるよう成長することが期待されている．その意味ではこの会の閉鎖制は公開制にいたるワンステップとして位置づけられ，最終的に求められるのは男女の差を越えた「自立」した断酒会員によって運営される公開制を原理とした断酒例会像なのである．アメシストはここの部会で断酒経験を積み，やがて地域断酒会の会員へと巣立っていくのである．

　第三は，アメシスト部会が当初から公開制を目指すことなく，閉鎖制に基づいて会を運営するケースである．ここでは会員のプライバシー保護が最優先の原則になっている．このタイプには女性酒害者の会が病院内断酒会として地域断酒会から独立して活動しているケースや，都道府県断酒会の下部組織でありながら公開制を取らない組織として位置づけられているケースもある．現在は断酒会活動の第一線から身を引いている全断連草創期世代のメンバーたちからすると，「世間の偏見と戦おうとしない」こうした消極的で，受動的なタイプの例会活動は「自立」した人間を指向しない旧来の「甘え」の行動と映っている面があるかもしれな

い．

　しかしながら，アメシスト部会のこうした柔軟で多様な運用のあり方が，女性酒害者の未組織部分の組織化を促進し，A・Aやその他のアルコール問題に関する市民運動グループへ流れようとする女性酒害者層を断酒会へ引きつけ，あるいは引き止め，アメシストの断酒継続という治療上の効果もあげている点等を考え合わせると，これを単純に旧来の「甘え」行動の遺物として切り捨てるのは上策でない．公開制と匿名制は原理としては矛盾するが，会の活性化と円滑な運営のために2つの原理を相補的に用いることは可能である．全断連は会の組織原理についての理念と原則を明確にした上で，女性の職場進出の増大や個人主義的価値観の浸透など現代社会のニーズや状況の変化に応じてそれを使い分けていくことが肝要であろう．

第5節　「女性役割」回復の陥穽

　アメシスト問題を考えるとき，男性の酒害とは違った問題の所在に気がつく．男性の場合には社会的な習慣として飲酒を覚え，その習慣を長い間続けるうちにアルコール依存症に陥るケースが多い．これに対して女性の場合には職業人と主婦，妻と母親といった異なった役割が重複したとき，2つの役割をうまくこなせないために起こる「役割葛藤」とか，少女から娘へ，娘から妻へ，妻から母へといった短期間に急激に起こる「役割転換」にうまく適応できなかったためとか，あるいは子供が親離れしたことによる「役割喪失」いわゆる「空の巣症候群」などからアルコール依

存症になるケースが目につく．

　そこには，女性が家庭や社会の中で「女性役割」を上手にこなせないために生じる不快感，苦痛感，喪失感等を緩和しようとして，精神安定剤のようにアルコールを常用し，精神的・肉体的にそれに依存するようになるパターンがみてとれる．

　ここで看過してならない点は，アルコール依存症に陥る重要な動機となった「女性役割」を果たせなかったという思いが，アルコール依存症からの回復過程においても尾を引くケースが多いことである．「女性役割」を回復しようとする努力は時として断酒のきっかけになるが，同時にまた再飲酒のきっかけにもなり得る諸刃の剣のようなものである．着実に衰えていく肉体と，それを埋め合わすべき精神的成熟とがうまくかみ合わないとき，せっかちな「女性役割」回復への願望は焦りとストレスを生み出し，再飲酒の引き金へと容易に転化してしまう．

　また，これまで「女性役割」を果たしてこなかった自責の念が，断酒後の生活において夫や男性への無批判的同調や盲目的服従を生み出すケースも散見される．しかしそれは女性にのみ許され，また女性の美徳と考えられていた時代の遺物なのである．そのような古いタイプの女性限定版「甘え」が，逆に女性の人間としての「自立」を阻んできたとも考えられる．「過同調」と「盲従」を主内容とした古いタイプの「甘え」によって女らしさを取り戻そうとする単純な「女性役割」回復願望は，アルコール依存症からの真の回復にとって必ずしもプラスの機能を果たすとはいえない．

　アルコール依存症から真に回復するためには，現在人間として

の自分が直面している問題と真正面から向き合い，たじろがず，逃げ出さず，自分で考え，自分で決断してその問題の解決に取り組む必要がある．そのためにはとりあえず断酒会を信頼し，断酒会と一体化することが大切である．それは断酒会への人間としての「甘え」といってよい．その結果として酒害者は仲間の信頼を手に入れることになる．仲間の理解と愛情を十分受けることによって初めて，「自立」してまた自信を持って自己の問題の解決に当たることができるのである．このような内容に裏付けられた「甘え」は，人間を「自立」させ，豊かにする機能を持つと考えられる．

したがって，アメシストがアルコール依存症から立ち直るためには，単に「女性役割」だけの回復を目指すのではなく，そうした回復努力を，より広い観点に立って，男女の性別役割を越えた人間としての役割回復，および人間としての「自立」追求の試み（それは断酒会の目標でもあるのだが）の中の一部として位置づけておくことが大切なのである．

【注】

1) 土井健郎『「甘えの構造」』弘文堂　2001, 106, 274 頁．
   畠中宗一『子供家族支援の社会学』世界思想社　2000, 55 頁．
   畠中宗一『家族臨床の社会学』世界思想社　2000, 46, 64 頁．
2) 同上，64 頁．
3) 西山正徳によれば，酒害者の妻が家族例会によく出席したタイプとほとんど出席しなかったタイプを比較した場合，前者のタイプを妻に持つ夫の断酒率は後者のそれと比較して4倍強も高いという．西山正徳「アルコール依存症と家族」斎藤学（他）編『アルコール依存症』有斐閣　1981, 163 頁．

第6章

単身酒害者における回復活動の歴史と現状

　本章は，最近多様化しつつある酒害者の中で，特に社会的注目を浴びている単身酒害者（通称：シングル）に焦点を当て，まず彼らが一般社会からどのように評価されているのか，さらに断酒会の仲間たちからの評価はどうなのかを明らかにする．次に単身酒害者たちが自分たちの評価を高めるために起こしたグループ結成運動の経緯をたどる．そして単身酒害者が幹部登用されたことの意義を考察するとともに，このグループが積極的に取り組んでいる酒害者と性問題の実情の一端を紹介する．最後に第4章第4節で提示した酒害者の回復過程に関する社会学的標準モデルに対し，今後増大していくと予想される単身酒害者を対象とした修正モデルを提示する．

第1節　単身酒害者に対する社会的評価

　酒害者の中でも単身酒害者は女性酒害者と並んで特殊な位置を占めてきた．現在単身酒害者のイメージも徐々に変化し改善の方向に向かいつつあるが，一般社会人の潜在意識の中には依然として古典的〈アル中〉イメージが根深く残存している．

　医療従事者や酒害者に理解を示す一部の人たちを除いた一般の社会人は，この病気の最悪期の様態を原像として酒害者について

のイメージを形成しているのが通常である．アルコール依存症から回復する人は全体の3割にも満たないが，回復段階に到達した酒害者の実像は一般社会人が抱くイメージとはおよそかけ離れたものである．彼らはおしなべて「やる気」に満ち，「勤勉」で，「責任感」が強く，一見したところまるで「求道者」のような印象を受けるほどである．彼らは文字通り「命がけ」で断酒に取り組んでいる．したがってアルコール依存症からの回復者が自ら進んで酒害者であることを明かさなければ，彼らの支援者など一部の関係者を除けば，一般社会人が回復者を酒害者だと判別することは難しい．だが医師は彼らを治癒者とは言わない．何10年酒をやめ続けていても，一口酒を口にすれば彼らはたちまち連続飲酒に陥り，元の状態に逆戻りしてしまうため，回復者もアルコール依存症であることに変わりはないからである．

したがって酒害者のイメージ・ギャップに悩まされるのは，むしろ酒害者に興味と関心を持ち始めたばかりの人たちに多くみられ，彼らにあまり関心のない一般社会人の間では，それほど大きなイメージ・ギャップはない．一般社会人の酒害者についてのイメージは古典的な「アル中」イメージのまま停止しているといっても過言ではない．

医療関係者にとって，アルコール依存症治療に際して厄介な患者群の代表のひとつが単身酒害者であることは周知の事実である．一口に単身酒害者といってもその内容と形態は後述するように多様である．最近でこそ家付き，親付きの優雅な「単身貴族」と人に羨まれる階層の中にも，酒害者が見受けられるようになったが，歴史的にみると単身酒害者の象徴は路上生活者（ホームレ

ス)の単身酒害者に凝縮されていたといってよい[1].

こうしたタイプのシングルの場合には,その生活形態や生活水準との関係から,医療機関との安定的つながりを持つこと自体が困難であった.したがって医療の側からは彼らは治療の必要性を感じていないと受け取られることが多かった.運良く病棟での治療を受けられる機会に遭遇しても,彼らのパーソナリティーの不安定さや病院環境への不適応などのために,結果的に治療不可能として強制的に退院させられる,あるいはまだ治療を必要とする状態なのに,勝手に自己退院してしまうケースが過半であった.さらに,病院側が彼らの退院後の情報を把握することは,ホームレスという特性もあって極めて困難であった.幸い病院内に長期にとどまることができたとしても,その多くは閉鎖病棟での「飼い殺し」状態に近いものだったという[2].

一般社会人による酒害者についてのイメージ形成が,こうした象徴としてのホームレス単身酒害者についての伝聞や散見を中核としてなされてきたという歴史的事実が,今日の単身酒害者による回復活動の困難さの一端を構成していると考えられる.

第2節　断酒会における単身酒害者の位置づけ

全日本断酒連盟に加盟している断酒会においては,アルコール依存症は家族ぐるみの病気として捉えられている.したがって断酒会は酒害者本人だけの会ではなくその家族を含む会であり,酒害者本人に断酒させるためには,家族が本人と一緒に断酒例会へ出席することが要請される[3].

アルコール医療を専門とする医師たちは,配偶者や家族が酒害者に理解を示し協力的態度を取り続けた場合には,そうでないタイプと比べて本人に高い断酒率がみられたという報告を行っている[4].

また全断連は発足当初から,中年の妻あり男性層が量的に多数を占めていて,この傾向は今日においても基本的に維持されている.したがって全断連の基本的運営方針は,〈家族ぐるみの〉のスローガンのもとに妻の理解と協力が強調され,その具体的あり方として,妻同伴による断酒例会への出席が期待,要請されたのであった.

こうした断酒会の構成上の特徴を反映し,発足当初よりこれまで断酒会運営のリーダーシップは中年の妻あり男性層が握ってきた.単身酒害者はこれまで量的に少数であったのみならず,ホームレス単身酒害者に象徴されるような行動特性を示す人も少なからずおり,医療関係者のみならず,断酒会仲間からの信用も必ずしも厚いというわけにはいかなかった.もちろん個々の会員をみれば立派に回復活動を展開しているシングルも存在したが,シングル全体としてのまとまりは弱く,全断連の組織内でパワーを持つまでには至らなかった.

医療関係者はもとより一般社会人たちも「単身酒害者は断酒できない」と考えていたし,単身酒害者たち自身もそう思い込んでいた.彼らは外部から投げかけられる否定的評価に絡め取られたように,飲んではやめ,また飲んではやめして病院への入退院を繰り返していた.研究者や医師たちは彼らが入退院の度に病院のドアを出入りする行為を〈回転ドア現象〉と揶揄的に表現した.

単身酒害者たちは地域断酒会や病院内例会において「妻の協力があってこそ断酒ができる」といった仲間たちの体験発表が拍手喝采を浴びる度に，うつむきつつ寂しさや悲しさを耐え忍んでいた．そうした冷風に晒されながらも，地道に例会通いを続け，断酒歴を積んで，ようやく会の世話役として責任ある仕事を任される時期に差し掛かると，「女房もいないような者に会のリーダーが務まるのだろうか」といった心ない陰口を叩かれ，悔しい思いをさせられるといった体験は多くのシングルが味わってきた．

　シングルの中にはそうしたことが契機となって断酒例会から足が遠のき，自分は見捨てられたという思いにとらわれて，断酒会から脱落したり，再飲酒に走ってしまったりするケースも決して少なくなかった．

第3節　「グループ・シングル」発足の歴史と経緯

　ところで最近，日本の酒害者の構成に若干変化が出てきつつある．もちろん前記したように日本の断酒会の中核勢力は依然として中年の妻あり男性層であるが，女性，単身者，高齢者，若年者といった多様なタイプの酒害者が増加傾向を示してきている．そしてこれらの人たちの周りに協力者としていつも妻が付き添っているとは限らなくなってきたのである．彼らの理解者や協力者は年老いた親や，年若い兄弟姉妹であったりする．さらにはそれが非親族の専門機関の職員であるケースもある．

　また，酒害者に妻がいたとしても，彼女にアルコール依存症の理解や協力を期待できないケースも少なくない．さらに法的には

妻帯者であっても，別居や家庭内別居状態のために，事実上単身者としての生活を余儀なくされるケースも増大している[5]．こうした社会的変化を背景として〈家族ぐるみの治療〉を基本方針とし，家族部会が大きな役割を果たしてきた断酒会内部に，単身酒害者のグループを設けようとする運動が発生する．それが大阪淀川断酒会の高力亨（後のグループ・シングルの初代代表）等を中心としたグループ・シングル創設運動であった．

平成3年6月，浜松市で開催された平成3年度全断連総会の席上で，当時代議員をしていた高力は全断連が単身者問題により本腰を入れて取り組む必要があること，さらに全断連主催の大会等において単身者が集う場を作って欲しい旨の問題提起を行った．全断連執行部としても，当時アメシストや単身者の問題が組織内部で話題になっており，何らかの対応を迫られていた．執行部を預かる杉野事務局長は〈家族ぐるみの治療〉という全断連の基本方針との関係や他の部会とのバランス等もあり，即答は避けつつも「今後の課題として前向きに取り組んで行きたい」との答弁を行った．

こうした執行部の反応に脈ありと感じた高力や長谷川弘（名古屋尾北断酒会：後の機関誌『シングル』の編集担当者）等は，グループ結成の流れをより確実なものにするために，同年7月さっそく「単身酒害者の仲間達へ」と題するアピール文を作成し，全国の仲間に同年8月に名古屋緑断酒新生会主催「お盆・体験談の集い」の関連行事として開催される「単身者の集い」に参集するよう呼びかけを行った[6]．この集まりは非公式なものではあったが全国から20名近い仲間が結集し，実質的に「第1回単身者の集

い」となった．

　名古屋での集いの成功は単身酒害者の間にグループ結成への熱気を急速に高めていった．しかし他方，グループ・シングルの会の性格等をめぐって，全断連執行部と単身酒害者のリーダーたちとの間では，厳しいやり取りがなされていた．両者の間における最大の争点は，シングルを家族会のような全断連の恒常的な組織として1つの部会にするのか，それとも大会や研修会の折に全断連がその都度「集いの場」を提供し，そこに単身者が集まる集合体（グループ）とするのかという点をめぐってであった．シングル側からすれば，恒常的組織として認知してもらえればベストである．シングルが家族会と同等の組織として認められるということは，建前上だけでなく実質的にも単身酒害者が妻あり酒害者と同じ扱いを受けることを意味するからであった．

　執行部側は，もしシングルを家族会同様の部会として認めた場合，他のグループからも出ている同様の要請（それはシングルほど組織だった要請ではなかったものの，例えば〈酒害者を子に持つ親の会〉，〈酒害者を親に持つ子の会〉等々の要請）にどう対処するのか，シングルを認めて他方を認めないという判断ができるのか，またそれらを全部認めた場合，全国大会や研修会の会場で各部会のために分科会の場所を本当に確保できるのかといった現実的問題を視野に入れて決断しなければならなかった．執行部側としてはできれば会員制を取らない，つまり組織ではなくその都度特定の場に集い散会するグループ（集合体）としてシングルの活動を認めたい意向であった．

　シングル側も恒常的部会としての認知を求めてこのまま強硬姿

勢を堅持し，全断連執行部と対立したままでいれば，次年度の全断連総会での公的認知を獲得するのは難しい情勢であった．多くの単身酒害者が，来年の全国大会の場で家族会のように仲間同士が一堂に会することを期待していた．彼らにとって，全国大会に参加し，かつそれとは別の時期に別の場所で行われるシングル独自の大会にも参加するのは経済的にも身体的にも負担が大きい．かといって全断連の最大の行事であり，全国の仲間と交流できる最大の機会である全国大会参加をパスして，シングルだけの集まりに参加したのでは，これまで全国大会で培ってきた知人，友人たちとの絆を絶ってしまうことにもなりかねない．

シングルのリーダーたちは次期総会（実質的には総会の直前に開催される理事会の審議で決定されるのだが）の期日が迫る中，あくまで部会としての認知を求めて突っ張るか，とりあえずグループとして立ち上げ，全国大会に単身者仲間が集う「場」を確保するかの岐路に立たされつつあった．

同年12月，京都平安断酒会主催の一泊研修会において関連部会として第2回「単身者の集い」を開催することが認められた．この研修会は全断連が後援する公式の会であり，ここでの「集い」が認められたことによって多くの単身者たちは，次年度の全国大会での集いの開催という夢を大きく膨らませた．シングルのリーダーたちにとっては，単身者の集まりが組織としての恒常的部会になるのか，その都度その都度の集会になるのかは大きな問題だが，一般の単身酒害者たちの間では全国大会や各地の断酒学校において集いの場を用意してもらえればそれで十分だという意識が広範に存在していたことも事実であった．そこで高力氏たち

は名を捨てる代わりに実を取る決断をしたのであった．

こうして平成4年5月，この年の全断連総会での認知を得るためにグループとしての要求を〈請願趣意書〉として提出した．そこには，(1)医療者が〈単身者は治療困難〉と言い，仲間であるはずの断酒会までもが〈単身者は回復が困難〉と言ったことへの抗議，(2)全断連が単身者問題に本腰を入れて取り組む必要性のアピール，(3)全断連主催の大会，断酒学校，研修会での「単身者の集い」の場所提供の請願の3点が盛り込まれていた．(1)，(2)は全断連の従来の方針への批判であり，(3)がこの請願書の主目的であった．[7]

この年の理事会では全断連の方針自体が単身者たちの回復を阻害しているとも受け取れる趣意書の批判的文面に感情的に反発する意見も出たが，〈場所提供〉としての発足なら認めてもよいのではないかというのが大勢の意見であった．そして常任理事を含む執行部に次年度までにシングルのリーダーたちとの間で細部の詰めを行うよう対応が一任された．

こうしてシングルは翌年の平成5年度から正式に全断連主催の大会，学校で分科会の「場」を提供されることとなった．その代わり，シングルの側はこの集まりが「組織」ではないこと，したがって会員制はとらないことを参集者たちに徹底しなければならなかった．[8]それはこの時点における全断連執行部とシングル代表部（ちなみに請願書趣意書に記された請願代表者は高力亨，長谷川弘の両名であった）とのぎりぎりの合意点であった．シングル側からみれば，それは平成3年の総会での高力氏の問題提起から2年がかりで勝ち取った苦渋の成果であった．

第4節　単身酒害者と幹部登用方式

　断酒会は酒をやめ，かつやめ続けるために集まって作った組織である．したがってこの組織ではなぜ，どのようにして酒をやめたのか，そして酒をやめ続けてどんな生活をしているのかが共通の関心事である．それらは断酒の動機，方法，断酒後の生活内容といってもよい．これから断酒しようとしている人たち，および断酒の初心者にとっては，断酒の動機やその時の方法が大きな関心事である．これに対してある程度断酒継続に成功している人たちにとっては，断酒以後仲間がどんな家庭生活，職業生活，地域社会での活動等を送っているのかにより多くの関心を抱く．

　通常，断酒会ではこれまでどのような酒の飲み方をしてきたかを飲酒歴と呼び，断酒以後どのような生活を送ってきたかを断酒歴と呼ぶ．飲酒歴，断酒歴にはそれぞれ期間と内容がある．そして役員の選出にあたっては断酒歴が重要な目安となる．もちろんその背景には学歴，職業，経済状態（収入，財産）などが複雑に作用するが，基本的には (1) どれだけの期間酒をやめ続けているのか，(2) 酒をやめてどのような生活を送っているのかの2点が重要なメルクマールになっている．断酒期間と断酒生活の内容である．特に後者の断酒生活の内容においては，その人が一般的にどのような家庭生活や職業生活等を送ってきたかということではなく，断酒会の活動や運営にどの程度貢献する生活をしてきたかが問われることになるのは会の役員選出という目的に照らして考えたならば当然であろう．

断酒期間については客観的で，共通の物差しになるという利点がある．そして一般的には断酒期間を積み重ねれば，人間的回復度（アルコール依存症からの回復度）や人間的成熟度（断酒会員としての指導性）が高まると考えられている．もちろん例外は常にあるわけで，能力や適性の違いもある．断酒期間は長いが，個人志向の強い会員もいる．また断酒相談や生活指導は自己流，勝手流というタイプもある．断酒期間は客観的なメルクマールではあるが，万能，絶対というわけではない．

　他方，断酒生活の内容，とりわけ断酒会への貢献度は，断酒期間とは逆にそれを判断する人の主観が入りやすくなる．どの人脈やグループに所属しているかなどによって貢献度の判定に差が出ることはよくある．

　全断連では地区断酒会の支部長，都道府県連合会長，ブロック長，全断連評議員，理事等の選出は地区や連合会の自主的選出に任せ，全断連に対しては届出制になっている．会員の断酒歴は会員が一番よく知っているからである．

　ところで単身酒害者からみた場合，断酒期間もかなり積み，断酒会の運営にも協力しているのに，妻あり組と比べてそれが正当に評価されていないのではないかという思いが常にあった．特に限定された地域の中で，長い年月に渡りほぼ同じメンバーによって役員が評価，選出されるために，単身者への偏見が強い地区（ホームレス・酒害者が多い地区等）や，しばしば問題行動を起こす単身者会員がいるような支部では，真面目に努力する単身者も白い目で見られがちなハンディキャップを負うことがよくあった．

もちろん全断連でも役員選出にあたって,不当な差別を排除したり,人脈やグループ間の評価の違いによる内部抗争や分裂騒動を回避するために間接的な相談や指導を行ってきた.例えば,全断連主催でリーダー講習会や研修会を開催し,地域のリーダー予備軍に対して指導者としての心構えや,断酒初心者に対する酒害相談や生活指導の方法などについて基本的な学習機会を提供してきた.そうすることによって,できるだけ客観的で公平なリーダーの養成を図ってきたわけである.

　全断連の役員選出の方法には歴史的経緯や伝統があり,地域断酒会の連合体という基本的な性格がある限り,現在の方法を踏襲するのがベターといえよう.その際に全断連が各級レベルの役員選出にあたって,ひとつのガイドラインとして,各地域断酒会の会員に対しリーダー講習会の受講歴等を開示することは,現段階における全断連の公平な人的配置と積極的運営にとって必要なことである.

　従来,断酒会においては家族持ち,所帯持ち会員が会の役員構成や運営の中心を占めてきた.中でも妻あり会員がその中核であったことはすでに述べてきた.そうした状況の中で平成11年,シングルの会の初代代表を務めた高力が全断連の評議員に選出された.第3章で述べたように,様々な酒害者の中で単身酒害者がたどってきた困難な歴史を振り返ってみる時,このことは特記すべき出来事であった.全断連の登録正会員数は1万2千人である.そのうち大阪府下の断酒会員数は約1,300名である.全断連の理事は20名,評議員は82名である.その中で大阪府から全断連のリーダーに抜擢されるのは理事1名,評議員6名の計7名で

ある.この数字の比率は断酒会トップリーダー層の一角に列することがどれだけ難しいかを如実に物語っているといえよう.

 同じ単身酒害者でも,最初は所帯持ちで役員階段を登って行く過程において,妻が事故や病気等でなくなり単身になったケースと比べ,断酒会入会時や一会員の時期から未婚や離婚のために単身であった会員が〈単身者は断酒できない〉という社会的偏見(それは断酒会内部にも存在するのだが)と闘いつつ,会の指導者にまで登りつめるのは現時点では例外的なことである.しかし高力のケースを嚆矢として,今後単身酒害者でも適性があり真面目に努力すれば幹部として登用されていく道が定着すれば,単身者の断酒会への帰属意識は一層高まり,断酒会全体としての力能も向上していくことであろう.

第5節 シングルのスローガン〈性を語ろう〉をめぐる問題

 サブグループ『シングル』が強調しているスローガンのひとつに〈性を率直に語り合おう〉がある.本節では断酒会における性の問題を単身者グループのあり方と関連させつつ,その問題点について考察してみよう.

 これまでに〈断酒会と性〉の問題を二度論じたことがあるが,1つは女性ミーティングからの男性スタッフ(酒害者の回復活動の支援者)の排除問題であった.この問題の場合,女性酒害者にとって男性スタッフが同席している会合の場では,性の問題を含めて女性に固有な問題を率直に語りにくいという訴えがあり,そ

れについて女性スタッフは理解を示し,男性スタッフは納得いかないとして対立していた.[10] 2つ目はマスコミの酒害者の性に関する問題の取り上げ方を自助組織（断酒会）の側から批判した問題である．ここでは番組制作側が性に極めて奔放な女性酒害者を番組の主人公として選んでいた．しかし断酒会の女性酒害者の中では彼女は極めて例外的なタイプである．したがって,女性酒害者の実像について正確な知識を持ち合わせていない一般の視聴者がこの番組放送を観た場合には,女性酒害者は皆この主人公のような性行動をするかのような偏った印象を与える番組内容だという批判であった.[11]

以下においては,(1)性の話題と部会,グループの構成,(2)性の語りと体験談尊重の原則という観点に焦点を当て,単身者ないし主に単身者が参加する例会で語られる性問題の現状とその問題点を述べることにする.

(1) 性の話題と部会,グループの構成

アルコール専門病院のソーシャル・ケースワーカーを長く務めている伊藤通郎によれば,病院内例会における体験談発表を長い間観察してきた結果,酒害者である男女の態度および行動に,以下のような違いがみられたという．すなわち男性酒害者は例会場に女性がいても体験談の内容にあまり変化がない．これに対して女性酒害者（かつては結婚していても,現在は単身者であることが大半なのだが）の場合は男性の前では態度を変え,素顔を隠しがちであるという．そして男性同席の場では性の問題を語りたがらないという．そのことを自然なことと捉えるか,女性酒害者の側に問題があると捉えるかの違いが,前述した男性スタッフ排除

問題へと発展していったのである．伊藤は専門職の遂行にあたっては仕事上の男女差は望ましくないという見解であった[12]．

20年以上様々な断酒例会に同席してきた筆者の経験から判断すると，伊藤と認識を共通できる部分もあるが，同時に若干違った印象を受けている部分もある．確かに女性酒害者は男性が同席している場では性の問題を語りたがらない．語ったとしても「私が飲んでいた時期には彼（or 夫）との間には性（or 夫婦）関係はほとんどありませんでした」とか「私が断酒してからも，しばらくの間，彼（or 夫）は私を相手にしてくれませんでした」といった判で押したような体験談に終始するのが通常である．しかしこのことは女性酒害者に限られた特徴というわけでは必ずしもない．男性の場合にも程度の差こそあれ同じような傾向が観察されるし，特に話題が〈性〉の問題になるとそうした傾向は顕著である．上述した女性酒害者の語りの部分で〈彼 or 夫〉という表現を〈彼女 or 妻〉に置き換えた同じ語り口が定番といってもよい．

シングルの分科会には，アルコール専門病院の看護士や行政機関のケースワーカー，保健婦，リハビリ施設の介護士などをしている女性専門職員が酒害者の付き添いとして，あるいは自身の勉強のために参加することがよくある．そうした場合に，進んで自分の性に関する話（それが過去の経験であれ，現在抱えている悩みであれ）を持ち出す男性単身酒害者はあまりいない．司会者が〈性の悩みを率直に語ろう〉という会のキャッチフレーズをかざして参加者に発言を求めるが，自主的発言者がいないため発言者を指名する．指名された参加者はやむなく，しかもいかにも語り

にくそうに，若い女性職員の方にチラチラ目をやりながら自己の過去の風俗体験をノウハウ伝授風に話してお茶を濁す．その発表態度からは，司会者の顔を立て，場を盛り上げるのに協力するといった雰囲気が伝わってくる．

女性だけの部会（アメシスト部会）や男性だけの部会（シングル分科会は参加が男女に開かれているが，女性の参加者がなく男性だけになる時がある）にも数多く参加したが，確かに同性だけの場合には異性が参加している時と比べて話が盛り上がることもある．話の内容は格調高い愛のコミュニケーション論から耳を塞ぎたくなるようなレイプまがいシーンの再現などピンからキリまである．だが話が盛り上がればそれだけで例会が成功だとはいえない．重要なことはアルコール依存症からの回復活動の中に性の問題をどのように位置づけるかということであり，それを過去・現在・未来における自己のあり方とどう関係づけるのかということである．

部会や分科会の性格がどうであれ，性の問題を扱う場合に男女の受け取り方の違いに配慮することは重要なことである．それと同時に，性の問題には男女の差を超えた人間としての共通部分があることも事実であり，機械的，一律的に異性を排除した場の設定は必ずしも適切とはいえない．

（2） **体験談尊重の原則と性の語り**

ある西日本地域の断酒学校に講師として招かれて参加した折，アメシスト部会（クローズドの女性酒害者部会，その会員の多くが単身者である）である女性会員によってなされた性的体験の語りと断酒会における体験談のあり方をめぐって議論になったこと

があった．体験報告者の話の趣旨は，講師としての立場から冷静に聞いたかぎりでは，男女の充実した生活のためには充実した性生活が大切だということであった．ただし彼女の場合，男女の充実した生活の中身が夫婦ないし通常の意味での恋人間の関係を意味してはいなかった．すなわち，その場に参加していた何人かの女性会員には既知の事実であった，彼女の不倫関係における性生活の充実を指していることが，後に論議を呼ぶ背景に存在していた．しかも彼女が「充実した性生活」の内容を語るくだりでは，「なんたってヤクをしゃぶりながらやるセックスが一番いいよ」といった表現の類が随所に出てくる発表であった．例会場には白けた雰囲気が漂い，参加していたアメシストたちの中には露骨に不快な態度や表情を示す人もいた．しかし正面きって彼女の体験発表を批判する人はなかったし，部会を仕切っていた司会者（断酒会員）も特段注意したり制止したりすることはなかった．筆者もこの発表には若干の違和感を持った．しかし筆者は断酒学校全体の講師という立場であり，アメシスト部会にもオブザーバーとしての参加であった．心の中の一方では何か助言的発言をしなければと思いつつも，他方では司会者の頭越しに批判がましいことを発言することはいかがなものかと逡巡した．また頭の片隅には〈断酒例会は体験談に終始する〉，すなわち発表者の体験発表に注文をつけてはいけないという松村春繁初代全断連会長以来の伝統と教訓があったことも事実であった．[13)]

　アメシスト部会が終わると，夜の全体会開催まで夕食を挟んで休憩時間が1時間ほどあった．その時間帯にアメシスト部会に参加していた女性会員が筆者の所にやってきて，先の部会での先述

した女性会員の発言のひどさを訴えた．そしてその発言に対して何の注意もしなかった司会者に対する不満を述べた（この時筆者が直接非難されることはなかったが，たぶん間接的には筆者に対する不満もあったのではなかろうか）．「あんな発言が放置されるようではもうアメシスト部会に出たくない気持ちだ」という．

筆者は，夜の全体部会の体験談を聞くのもそこそこにしてアメシスト部会に出ていた司会者を捜し歩き，先の発表に対する感想を尋ねた．司会者は「あの人はああいう人なのですよ」というコメントであった．要するに彼女がまたいつもの話をいつもの言い方で持ち出したという受け止め方であった．

当日学校長（全断連会長）は多忙だったので，筆者はアメシスト会員から上記したクレームがあったことを伝えたが，校長とは本格的な意見交換はしなかった．この出来事以後，別の例会場でも似たようなケースに遭遇することがあった．私は以前と同様，例会場で体験談に注文をつけたり，批判をしたりはしなかった．しかし部会や例会が終了した後で，本人に直接一対一で感想（批判やマイナスのコメントとあわせて前向きな助言も）を伝えるよう心がけるようにした．

その後，『指針と規範』に記されている〈人の体験談に注文をつけたりするな〉という意味を何度か考え直してみた[14]．そして私は当面それを次のように理解することにした．すなわち人にはそれぞれ人生観，人間観，断酒観がある．それは個人の思想信条にかかわる部分といってよい．そうしたことにはいろいろな考え方があってよい．そういうことに関係した体験談について，例会の場であの体験談はよい，この体験談はいけないといった論評はす

べきではないとの諌めなのではないか．

しかし体験談を参加者に伝えるための表現方法の適切性については，本来発表者自身があらかじめ踏まえておくべきことではないだろうか．もしそれが例会場の雰囲気に著しくそぐわない場合には，司会者や助言者が発表者に注意や助言を行ってもよいのではないだろうか．

ともあれ，シングルの会の〈性を率直に語ろう〉というスローガンに盛り込まれた理念と，例会場において実際に語られている性問題の内容との間には少なからず乖離や落差があることは事実である．話題性に目を奪われた上滑りな性談義にとどまっていては，性に関する悩みや苦しみの共有とそれらからの解放といった目標に到達するのは難しい．

第6節 単身酒害者の回復過程に関する修正モデル

アルコール依存症からの回復過程に関する社会学的モデルは第4章において提示した[15]．それは断酒会の今日的実態をできるだけ反映させて構成した．したがってそれは現在全断連の中核を担っている〈中年妻ありタイプ〉の酒害者を基本モデルとしている．アルコール依存症からの回復過程において重要なステップを構成する〈自己アイデンティティの獲得〉，〈マイナス自己イメージの修正〉，〈プラス自己イメージの形成〉，〈自己アイデンティティの確立〉等の各段階において，「家族ぐるみの対応」，とりわけ「妻による受容」，「妻の理解と協力」等を回復促進要因として重視した．

しかし本章第3節で指摘したように,日本の家族構成の変化に対応して酒害者層の構成にも変化の兆しがみえてきている.平成12年度の厚生白書によれば,家族類型別にみると現在夫婦・子ども世帯が3割強で最も多く,それに次いで単身者世帯がほぼ3割である.しかし今から10年後にはそれが逆転し,単身者世帯が3割で一番多くなるという[16).〈脱家族〉時代の到来を予示するような数字である.酒害者の構成も過半が妻あり中年層であった時代から少しずつ女性,単身者,高齢者,若年者といった多様化の傾向をみせてきている.したがって単身者の回復過程を分析する場合には,標準モデルにおいて重視してきた家族や妻に代わって非親族の自立活動支援者の役割が相対的に重要視されるように変化していくであろう.具体的には医療・行政機関に所属する専門スタッフ,すなわち看護師,保健士,ケースワーカー,介護士あるいは民間でそれと類似した仕事をするボランティア等が考えられる.

したがって,今後ますます増大していくであろう単身酒害者の回復過程を分析するために,以下に記す修正モデルを提案する.

モデル[II]:〈単身酒害者の回復過程に関する社会学的修正モデル〉

(1) 間違った飲酒習慣の持続
(2) 身近な人間関係からの孤立
(3) 一般社会および身近なひとたちからのマイナスイメージの付与
(4) マイナスの自己イメージの受容と深化
(5) アルコール依存の進行

（6）　医療・行政機関との接触

　（7）　治療開始（断酒）

　（8）　自立活動支援者等による本人の説得

　（9）　自立活動支援者等の理解と協力の確保

　（10）　自立活動支援者等による酒害者の受容

　（11）　酒害者の不安の解消および安心の獲得

　（12）　酒害者の自信回復・アイデンティティの獲得

　（13）　酒害者によるマイナス自己イメージの修正

　（14）　断酒継続（「グループ・シングル」や地区例会への出席）

　（15）　仕事への復帰と同僚からの受容

　（16）　プラスの自己イメージの形成

　（17）　地域活動への参加

　（18）　地域社会からの受容

　（19）　プラスの自己イメージの拡大

　（20）　酒害についての相談・教育・啓蒙活動への従事と展開

　（21）　自己アイデンティティの確立

　（22）　アルコール依存症からの回復

この修正モデルが標準モデルと違う第一の点は，（2），（8），（9），（10），（14）の各ステップにおいて家族や妻に変わって非親族の自立活動支援者の役割を重視している点である．単身酒害者の場合，家族との交流がないケースが多いが，中には交流がある場合もあり，配偶者以外の家族と同居しているケースも存在する．それらのケースを想定して上記の各ステップに自立活動支援者〈等〉の表示をしてある．単身酒害者の回復にあたってより大

きな影響を及ぼすのは自立活動支援者であり，家族は副次的役割にとどまると考えられる．

さらに標準モデルとの第二の相違点は，単身酒害者が自己イメージを修正し，アイデンティティを確立していく過程において遭遇する社会関係の3つの位相が，標準モデルでは〈家族〉,〈職場，隣近所〉,〈マスコミ，文化などの全体社会〉だが，修正モデルでは第1位相の〈家族〉の役割を〈地域断酒会や「グループ・シングル」〉が担う点である．

ところで，「シングル」はまだ発足したばかりのグループ（集合体）である．当面は足元を固める地道な活動を重視していくことが求められる．その意味では第1位相である例会出席に精を出し，断酒仲間との絆を強固なものにしていくことがなによりも大切である．それを確実なものにした上で，第2位相である職場や地域の活動に参加，協力し，一人前の社会人としての認知を獲得していくことである．第3位相に移行して，酒害者の人権擁護などアルコール問題に関する社会的啓蒙活動を展開しようとすれば，各種行政機関の制度や組織の壁に突き当たる．またマスコミや酒類製造・販売会社とのやり取りの中で激しい反発に会い，跳ね返されたりすることもある．第3位相への移行が背伸びであった場合，そうした出来事が引き金となって断酒継続に失敗（再飲酒）してしまうケースがある．特にそれがリーダー層に起きた場合の悪影響は甚大である．不当であるといってそれまで戦ってきた〈単身者は断酒が難しい〉というレッテルを自ら肯定してしまう結果になるからである．

第3位相への移行を焦り，断酒会活動のエネルギーの大半を第

3位相にのみ限定して，断酒例会で地道に体験談を語る第1位相からまったく離れてしまうようなことになれば極めて危険である．そのようにして断酒に失敗したリーダーたちを何人も目にしている．「グループ・シングル」が断酒会の外の世界へ打って出て，ホームレスの単身酒害者の周辺に仲間づくりの輪を広げるのは将来的課題としては理解できる．しかし，当面は断酒会内部において，メンバーの位相間の着実な移行を促進するとともに，断酒初心の再確認のために幾度となく第1位相へ立ち返る活動が求められているのではないだろうか．

【注】

1) 松下武志「地道な活動の継続を―サブグループ『シングル』へのエール」サブグループ『シングル』編集部『シングル No. 5』1999, 51頁.
2) 西山正徳「単身者の飲酒問題」『アルコール臨床ハンドブック』金剛出版 1982, 312-313頁.
3) 全日本断酒連盟『指針と規範』1991, 82-86頁.
4) 下司孝麿「断酒会について」『アルコール依存の社会病理』星和書店 1980, 205-206頁.
5) 松下武志，前掲書，125頁.
6) 長谷川弘「単身酒害者の仲間達へ」サブグループ『シングル』編集部『シングル No. 6』2000, 33頁.
7) 高力亨「単身ア症者のための場を」サブグループ『シングル』編集部『シングル No. 8』2002, 46頁.
8) 長谷川弘「発刊にあたって」サブグループ『シングル』編集部『シングル No. 8』2002, 42頁.
9) 『躍進する全断連』全日本断酒連盟 2002, 42-43頁.
10) 松下武志「現代日本におけるアメシスト研究の動向」『京都教育大学紀要』Vol. 95 1998, 102-104頁.
11) 松下武志「日本における酒害者の『イメージ』と『自立』の

問題」『社会学論叢』No.145　日本大学社会学会　2002, 38-45 頁.
12)　伊藤通郎「女性ミーティングの憂うつ」『アルコール依存とアディクション』第10巻　第4号　1993, 276-279頁.
13)　『指針と規範』全日本断酒連盟　1991, 81頁.
14)　同上, 81頁.
15)　松下武志, 前掲書, 35-38頁.
16)　厚生労働省『厚生白書』(平成12年版) ぎょうせい　2000, 22, 348頁.

第7章 アルコール政策の変容過程

本節においては，現代日本におけるアルコール問題がどのような形で政策課題に取り上げられ，またいかなる要因によってこのアルコール政策が当初の意図からどう変化したのかをたどる．そのことを通して社会病理に対する対策が現実の立案，実施過程において遭遇する問題点の一端を明らかにしたい．

第1節　全断連と酒類自動販売機撤去問題

酒類自動販売機撤去問題に関するアルコール政策の変容過程についての分析はすでに清水新二によって優れた研究がなされている．清水の研究の特徴は氏自身がかかわった審議会の立場に視点を据えてこの運動の展開過程を追った先駆的研究である点にある[1]．本章においては同じテーマについて角度を変えて，酒害者の自助集団や市民団体と業界団体および政治集団との相互作用に焦点を当てて分析することにする．

酒類自動販売機撤去問題が青少年の非行，犯罪や健康被害との関連で社会病理として一般の人びとから問題視され始めたのは比較的最近のことである．しかし識者や専門家の間ではかなり以前からこの問題は注目されていた．犯罪社会学者や警察関係者たちは，酒類自動販売機を通した飲酒が少年非行の温床になるケースが多いと指摘していたし，アルコール問題の専門家たちは酒類を

自動販売機で販売しているのは日本だけであり，機台の設置が日本全国に広がり，それが昼夜，年齢を問わずといった販売形態であったため，何らかの規制を設ける必要性があると主張していた．

だが1970年代においてはまだ一般の人びとは自動販売機による酒類の販売が社会病理を生み出しているとは考えず，むしろ逆に自動販売機の持つ圧倒的な利便性に目を奪われていた．加えて，この運動は酒の薬物性や機械による時間，場所，購入層を無視した無制限な販売の危険性を訴えたものであったが，一般の人びとからはあたかもこの運動が自動販売機による販売をすべて否定しているかのような単純な誤解（「それではジュースも買えなくなっちゃうじゃないの！」）も結構たくさんあった．

このように，一般の人びとはこの問題に無関心か特段問題視することはなく，当局も特別な動きを示さない現代日本の困難な状況下にあって，〈現在は広く認知されてはいないが，この事態はまぎれもなく社会病理である〉と主張する複数のグループ（「笛を吹く者たち」）が存在した．それらは酒害者たちの自助組織である全断連やA・Aなどベッカー流にいえば弱者に位置する人びとであった．さらにアルコール問題全国市民協会などの市民団体や酒害者たちに理解と共感を示す医師，学者，ケースワーカー等の専門家たちもそれぞれの持ち場で「笛を吹く者」たちを支援していたし，みずから「道徳的十字軍」の一兵士としてこの戦線に加わるものもいた．

特に全断連は，酒害者による日本最大の自助組織として早くから酒類自動販売機撤去問題に取り組み，酒造・酒販業界はもとよ

り，担当官庁（当時の厚生省）やマスコミ，市民団体等へ理解と強力を求める申し入れを行っている．こうした働きかけが功を奏し，昭和61年には政府の公衆衛生審議会が「アルコール関連問題対策に関する意見書」において，酒類自動販売機が野放し状態にあることに対する警告を発するにいたった．昭和62年には東京永田町の自民党本部で全断連とこの問題に理解を示す政権党の国会議員たちとの懇談会が持たれた．その席では酒害者支援について協力を求めるとともに，緊急の問題として酒類自動販売機の規制に関する要望が出されている．当時も今も，国民はもとより議員集団においても飲酒肯定派が多数派であり，飲酒警告派は少数派である．そうした背景がありながら，出席議員たちが酒造，酒販業界にではなく，しばしば対立関係にある酒害者寄りの姿勢を示したことは「笛を吹く者」たちを大いに勇気づけた．

この懇談会の開催にあたって中心的な役割を果たしたのは静岡県選出の衆議院議員戸塚進也であった．彼はもともと兄が手広く酒販業を営んでいたことからアルコール問題に関心があった上，彼の熱心な支援者の中に全断連の会員がいて，やがて彼自身酒害者の問題にも興味を持つようになったという．この懇談会に集まった政治家には大きく分けて2つのタイプがあった．ひとつは戸塚がそうであったように，アルコール問題や酒害者問題それ自体に強い関心を持っていた人たち，そしてもう1つはアルコール問題や酒害者問題に若干関心はあるが，それ以上に戸塚氏との個人的なあるいは政治家としての同志的なつながり，ありていにいえば政治的お付き合いによって参加したタイプである．そしてこの会のかなりのメンバーが後者のタイプであった．日本社会にあっ

ては政治の世界もまた，ムラ社会の枠外に存在するわけではなく，法案，特に議員立法による法案の多くはそこに盛られた立法趣旨や理念もさることながら，この政治的お付き合いの多寡や貸し借りによって成否が左右されているのが現実である．このことが後に戸塚氏の落選によって懇談会の人的ネットワークに機能不全をもたらし，酒類自動販売機撤去問題の行方に少なからざる影響を及ぼすことになる．

　ところで，立法過程に必ずしも詳しい知識を持ち合わせていなかった当時の全断連幹部たちは，酒類自動販売機撤去問題は単純に法律を作って規制してもらえば問題は解決すると考えていた．これに対して戸塚は立法のプロとしての立場から，立法化のためには国税庁，厚生省等の関係省庁の理解を必要とするだけでなく，与党の担当部会の承認も必要であり，手順が複雑である上に時間もかかってしまう．しかし日本には行政指導という政策効果としては立法措置と同等の成果を生む制度的慣行があり，その方が早期の実現可能性があるとのアドバイスをした．これを受け，全断連幹部はこの問題の扱いを戸塚に一任することにした．戸塚の側においても与党議員の多くが酒造，酒販業界寄りの姿勢であり，立法化の道は容易ではないという判断があった．この懇談会は途中に一時的中断を挟みつつも回を重ね，平成3年には参加国会議員も34名になり，厚生省の担当部局も酒類自動販売機の規制について理解を示すようになった．

第2節　酒造・小売酒販業界の対応

　これまで〈消費者の利益〉を楯に，市民団体等による酒類自動販売機撤去要求を突っぱねてきた酒造・小売酒販業界だったが，そうばかりもいっていられない環境の変化が国の内外において起きていた．平成元年から始まった日米構造協議の席上，日本の閉鎖的な流通制度の改善が要求された．伝統的な免許制度によって保護されてきた酒販業界も規制緩和要求の外圧にさらされていた．これまで敵は自販機撤廃を掲げる前門の虎（市民運動グループ）だけかと思っていたら，24時間営業，大量廉価販売を掲げて酒販参入を目指す後門の狼（大型スーパー，コンビニエンスストア）が出現したのである．〈敵の敵は味方〉という戦略を地で行くように，業界は運動グループの要求を部分的に受け入れつつ，来るべき大型戦争の準備を始めた．すなわち自販機の完全撤廃は死活問題なので受け入れられないが，時間制限（夜間営業停止），設置場所制限（新規屋外設置廃止）には応じたのである．また平成4年には将来の目標として自販機撤廃の方針も打ち出した．これらの制限は行政指導に基づく業界の自主規制であり，違反しても罰則はなかったので，この規制に従わない酒販組合は多かった．酒造（ビール）業界も歩調を合わせて酒販店への自販機設置補助金を平成6年に廃止した．結果的に運動グループは名をとり，業界は実を取った形となった．

　前門での戦いをうまく裁いて一息入れた小売酒販業界は，やがて後門での戦いを本格化させた．小売業界の目標はコンビニエン

ススストアなどの新規参入阻止ないし制限，先送りであった．この戦いは酒類販売自由化促進という政府の政策に逆行するものであり，尋常の戦い方では勝利は見込めなかった．そこで小売業組合が打ち出した方針は「酒類販売管理者制度」の創設というアイデアであった．要するにこの制度は既存の小売店主にはほぼ自動的に管理者の資格を与え，新規開業者は金と手間・暇をかけてその資格を取得しなければならない仕掛けであった．

　ここで興味深いのは，この制度を設ける趣旨に「酒販者の社会的責任」という概念が盛られている点である．この考え方はかつて自販機撤去運動グループが小売業界に向けて突きつけた概念そのものであった．（もちろん自らそれを自覚し口にしていた業者も一部には存在したが）今度は小売業界がそれを逆手にとって新規参入をもくろむ者たち（主としてチェーンストア業界）に向けて突きつけたのである．〈アルバイトの店員にまるでティッシュペーパーでも売るように酒を販売されては危険である．酒の販売は酒の知識が豊かで，地域の子供たちの顔も知り尽くしているプロ（小売店主）に任せなさい〉というわけである．小売店主たちにとって〈昨日の敵は今日の友〉であり，〈俺のものは俺のもの，人のものも俺のもの〉なのだ．どこのグループの理念であろうが，使えるものはみな使うのが利口者なのである．こうした業界人の行動のしたたかさ，変わり身の早さに，いくつも修羅場をくぐってきたつもりの市民運動家たちも驚き顔であった．もちろん「酒類販売管理者制度」は業界が主観的願望を込めた，現在計画中の政策案であり果たして実現するかどうか定かでない．

第3節　政治集団の対応

　平成5年，酒類自動販売機撤去運動に大きな打撃を与える出来事が政治集団の側に起きた．この年の7月に行われた第40回衆議員選挙においてそれまで連続3回当選を重ね，政権与党の中堅議員として頭角を現しつつあった戸塚が落選してしまったのである．この運動に関して酒害者，市民団体に理解を示す数少ない政治家の1人で，かつ，この政策の推進のために自らの人的ネットワークを動員して尽力してきた戸塚が落選したために，この運動は，それが目標としてきた酒類自動販売機の完全撤廃からははるかに遠い地点を彷徨う結果となった．

　戸塚の落選に続き，政界は自民党の分裂，非自民政権の誕生など政界再編の時代に入り，アルコール問題議員懇談会は事実上開店休業状態になってしまった．酒類自動販売機撤去運動は制度的な政治調整の場を失い，さらにアルコール販売自由化問題が浮上してくるなど，この運動が目指す政策化の方向は拡散せざるをえなかった．

　しかし政界の激震が一段落した平成11年，運動の停滞を心配した市民団体やアルコール医療関係医師等による陳情を受けて，医師出身で自らも長野県において病院長を務めた経験を持ち地域医療に造詣の深い，民主党の今井澄参議院議員がこの会の新しい幹事を引き受けることになった．彼は参議院医療制度改革小委員会事務局長を務めるなど，国の医療政策に大きな影響を与え得る立場にあった．

これまで与党議員への要望伝達と意見交換を主たる目的としていたアルコール問題議員懇談会は，新たに超党派の衆参両院議員によるアルコール問題議員連盟へと改組された．懇談会の時代には酒害者による自助団体や市民活動グループは一種の利害団体として会にかかわり，懇談会はそれをバックアップする関係にあった[2]．彼らは新連盟もそうした性格を継続することを期待したが，理想的医療のあり方を模索し，利害集団とは一定の距離を置こうとする新幹事の意向もあり，さらに連盟が超党派構成をとったことともあいまって，もともとあまり強くはなかった政治的圧力集団としての性格をさらに薄め，逆に勉強会ないし研究会的性格をより強める結果となった．したがって新連盟は以前と比べて参加人数は増加した（平成11年：42名，平成13年：70名）ものの，政策実現に向けた政治的パワーの面では弱体化せざるを得なかった．これまで自助団体や市民グループが緊急の課題としてきた酒類自動販売機問題は，未成年者飲酒問題，酒のテレビコマーシャル規制問題，アルコール依存症対策など広範なアルコール問題の中のひとつという位置づけに戻ってしまった．これらの問題はアルコール関連問題としていずれも重要なものではあったが，かれらにとっては酒類自動販売機撤去問題こそが緊急性が高く，現代のアルコール問題を象徴する問題と位置づけていたのであった．

　さらに追い討ちをかけるように，平成14年9月今井議員が突然逝去した．彼を中心に運営されていた連盟は，懇談会時代の性格を変化させつつあったとはいえ，「笛を吹く者」たちにとっては依然として政策立案現場における大事な頼り綱であった．しか

し今井の死去は戸塚の落選の時と同様，この会の求心力を大きく低下させざるを得なかった．任意的政治集団においては参加メンバーの多くがリーダーの個人的魅力を慕って集まっているために，当該リーダーの交代や辞任はその集団の政治的パワーを低下させるのが常である．

　現在の政策立案現場におけるメインイベントは酒類自動販売機撤去問題ではなく，酒類販売自由化をめぐる免許制度のあり方の問題に移ってきている．これはアルコール販売をめぐる業界同士（小売業界対チェーンストア業界）の争いである．酒販免許交付のための距離基準や，人口基準を緩和したことによって中小販売業者の経営が破綻しないようにどれだけの期間，酒販業者の新規参入を抑制したらよいのかを争点にして展開している．

　酒は，依存を生み出す薬物である．それを時間と場所と相手を選ばず機械によってほぼ無条件，無制限に販売する危険性を告発した酒類自動販売機撤去運動は，1990年代を中心としてひとつの盛り上がりをみせた．しかし2000年代に入り，この運動は上記した事情により政策立案現場における足場が弱化し，現在要求が部分的に実現はしたが，その状態のまま足踏みをしている．この運動がアルコール問題のメインイベントとして再度本舞台で取り上げられ，さらなる進展を遂げるかどうかは現時点で定かではない．

　以上みてきたように，社会病理を解決するための政策はそれが立案，実施されるにあたって，様々な理念や利害の衝突と調整を経ることになる．そしてすべての政策が実現するわけではないし，仮に実現した場合でも当初の意図とはかなり違った形で実施

されることもある．そうした場合，高い志と情熱を持った政治家の強力なリーダーシップが大きな役割を果たすことを上記の事例は示している．同時にこうした政策過程においてはリーダーの突然の交代（落選）や死去など，計算外の非合理的要素が政策の展開に大きな影響を及ぼすことも留意しておく必要がある．

第4節　アメリカ禁酒法の教訓

アメリカの禁酒法の歴史を振り返ってみると，社会病理に対する対処策として禁酒法という政策が立案実施されたわけであるが，この政策立案実施過程を総合的に検討してみると，正面に掲げられた立法理念だけではなく，隠された政策意図もこの政策の成立実施に大きな役割を果たしていることがわかる．

20世紀初頭，アメリカの上・中流階級の婦人層を中心として婦人キリスト教禁酒同盟に結集した人たちは，過剰飲酒行動が家庭破壊，犯罪・非行，勤労放棄，暴力，健康破壊行為等の温床となっているという認識を持っていた．確かに彼女たちが「道徳的十字軍」として1920年の禁酒法の制定に尽力したことが，この政策の成立実施に大きな役割を果たしたことは事実である．しかし他方で，必ずしも禁酒がこうした社会病理に対する対処策として最適だと思っていたわけではないが，禁酒政策が自分たちの政治経済的利益に合致するという判断の下に，この政策の成立実施に積極的に手を貸した人びとが存在していた．当時シカゴやニューヨークなどの大都市の酒造・酒販業や飲食・サービス産業の中核はドイツ系移民出身者が実権を握っていた．そしてそこから得

られた経済力を背景として，彼らは都市およびその周辺地域に大きな政治的影響力を及ぼしていた．こうした地域権力者に反感を抱いていた反ないし非ドイツ系移民の酒造酒販業者やその他の関連業者たちは，禁酒法の制定がドイツ系を中心とした既存の地域支配層に大きな打撃をもたらすと判断した．つまり彼らは上記した婦人同盟のように禁酒政策が社会病理現象の克服策として有効であると考えてそれを積極的に推し進めたのではなく，この政策に酒造酒販業およびその関連業界の階層的再編成と，それと連動した地域支配層の入れ替えの可能性を感じ取ったがゆえにこの運動に参加したのである．

そもそも彼らには過剰飲酒が社会病理の原因だという認識は薄く，それは個人の道徳次元の問題だと考えていた．既存の権力者層が行っている酒造酒販は自分たちの利害からみて望ましくはないが，自分たちが将来行おうと考えていた酒造酒販は決して悪いことだとは思っていなかった．したがって彼らは，禁酒政策が彼らの潜在的目的を達した後には，この法案を廃案にする潜在的意図を立法化以前から持っていたのである．

そもそも禁酒政策はアメリカ国民の冷静な議論の積み上げがあって立法化されたというよりは，「笛を吹く者」たちの道徳的熱気とそれを商売上のチャンスとみた現行秩序に不満をもつ企業家たちの利害の一致によって推進された．そして所期の目的が達せられるや，1933年に禁酒法はわずか14年間であっさりと廃止されてしまったのである．そしてこの廃止運動に大きな役割を果たしたのは，業界の再編を果たした振興企業家層の人たちであった[3]．

アルコール問題に関する政策過程を検討してみると，日本においてもアメリカにおいても病理現象を克服しようと「笛を吹く者」たちの道徳的熱情は，時としてより大きな政治的潮流に飲み込まれたり，特定グループの秘められた打算や思惑に利用されたり，あるいは絡め取られたりする危険性と脆弱性を合わせ持っていることをわれわれに示している．

もちろん理論，調査，診断，介入，政策化といったオーソドックスな手順を踏んだ社会病理研究のスタイルが無益だということは決してない．むしろそうしたオーソドックスな研究手法は今後益々充実発展させる必要があるといえよう．しかし同時に政策の立案・実施過程を考える場合に，この世界に潜む非合理的要素や権力の作用にも十分注意を払っていく必要があることを忘れてはならない．

【注】

1) 清水新二『アルコール関連問題の社会病理学的研究』ミネルヴァ書房　2003，1-462頁．
2) 『躍進する全断連』全日本断酒連盟　2002，9頁．
3) 岡本勝『アメリカ禁酒運動の軌跡』ミネルヴァ書房　1994，1-287頁．
岡本勝『禁酒法―酒のない社会の実験』講談社　1996，3-211頁．

第8章 高齢社会とアルコール依存症

本章においてはまず酒害者の回復行動に影響を及ぼしている「高齢社会」の特徴を明らかにする．次に現代日本社会において進行している社会規範の弱体化現象を主にマイナス面に焦点をあてて浮き彫りにする．また恥の文化に象徴されてきた日本文化の変質内容を解明し，それが日本人の断酒行動に与えている影響とそれに対する対処策について論及する．さらに高齢酒害者の回復行動の実態について，筆者が従来より提案している回復過程モデルを用い，回復の25段階および3位相の両視点から分析を加え，かれらの回復行動の特徴に関する新しい知見を提示する．

第1節　高齢社会とは

不老長寿は古来，人間の理想であり，悲願であった．平均寿命が30歳以下だったと考えられる古代の皇帝や王たちからみれば，平均寿命が80歳を超えている現代日本の庶民生活は，長く生きているという点だけからみれば羨望の的といえるかもしれない．古代の支配者たちは有り余る富と権力を手中にしながら，現代でいえばやっと学校を終えてこれから就職しようかという年齢にはもう死期が目前に迫っていたということである．不老長寿は何も権力者だけが希求したわけではない．人間誰しもがそれぞれの社会的存在の有り様に即して望んできたものである．現代の日本に

おいては，特別の富と権力がなくても少し心がけよく生活すれば80歳まで生きることはそれほど難しいことではない．

しかし21世紀に生きるわれわれは，現代における長生きの内実をその光と影の両面において認識できるようにならなければいけない．長生きに随伴する影の部分も冷静に予測し見通す慧眼を持たねばならない．覚悟の自殺や延命治療の拒否といった行動を勇気ある行為と評価する思想や哲学を覗いてみるのも一考であろう．それらは現代社会における長生きの意味を考え直させてくれる有効な手立てでもある．現代社会において長寿を全面的に善と等値することは，それを全面的に悪と等値するのと同じく思考放棄のそしりを免れない．

まず本章で用いる「高齢化社会」および「高齢社会」の基本的骨格を以下に明示しておきたい．老人とは何歳からを指すのであろうか．この問題が社会や文化によって異なるということは社会学的常識である．ある種の未開部族にみられるような寿命が極端に短い社会においては，30歳は十分に老人である．これに対して日本のような平均寿命が長い社会では，30歳はいわば「洟垂れ小僧」に過ぎない．

しかしこれでは比較論議ができなくなる．かつて国連は人口の年齢構造を国際比較するために「年少人口」(14歳以下人口)，「生産年齢人口」(15〜64歳人口)，「老年人口」(65歳以上人口)の3区分を設定した．それは操作概念として65歳以上を老人，すなわち高齢者として分類している．本章においてもこの概念に準拠することにする．

次に「高齢化社会」とは人口が高齢化している社会のことを意

味する．「人口の高齢化」はある社会の人口の年齢構造において，老年人口比率（老年人口が総人口に占める割合）が増大することを指す．ただし，老年人口比率がどの程度であれば「高齢化社会」と呼ぶのかはこれまた便宜的なものでしかない．通常は国連が 1956 年に老年人口比率 4% 未満を「若い人口」，4%～7% を「成熟した人口」，7% 以上を「高齢人口」と区別したのを受けて，老年人口比率が 7% を超えた社会を「高齢化社会」，14% を越えて安定した社会を「高齢社会」[1]と呼んだ．さらに 20% を超えてなお高齢化が進行している社会を「超高齢化社会」と呼ぶこともある．[2] 日本の老齢人口比率が 7% を超え「高齢化社会」入りしたのは 1970 年である．それが 1994 年には 14% を越え，世界に類をみないスピードで「高齢社会」へと突入していった．

人口問題研究所による日本の人口高齢化予測によれば，今後高齢化は加速度的に進行し，2010 年には老年人口比率が 20% を超え，世界一の高齢化国になると予想されている．その後も高齢化は進行し，2025 年には国民のほぼ 4 人に 1 人が，2050 年には 3 人に 1 人が 65 歳以上という「超高齢化社会」になると予想されている．

このような「人口の高齢化」がどのような要因により，どのような過程をたどってもたらされたのかに関してはそれ自体深く緻密な考察を必要とするが，ここでは産業化の進展が経済・医療・教育・社会保障制度等の発展を誘発し，死亡率，出生率をともに低下させることを通して人口を高齢化させてきたという大筋の流れだけを指摘するにとどめておく．

ここではそれ以上に次の点を指摘しておきたい．「老年人口指

数」の逆数値（高齢者1人を生産年齢人口の人が何人で支えるのかを示す数値）をみると，1990年の日本では高齢者1人を5.8人の生産年齢人口が支えていたが，2020年にはそれが2.5人にまで低下すること，すなわち今後生産年齢人口にかかる負担が急激に増加することが予想されるのである．15歳から64歳の勤労世代が高齢者の年金や福祉サービスに関する財源負担にどれだけ耐えうるのか，どこまでの負担であれば世代間で合意しうるのであろうか．「高齢社会」はそうした不安定要因を内包していることを肝に銘じておかねばならない．

第2節　現代日本と社会的規制の弱体化

　第二次世界大戦の敗北は，結果として戦後の日本に多くの自由や平等をもたらした．それはわれわれの基本的社会行動を型作ってきた古い社会規範を新しいものへ作りかえることを通して実現したのである．その過程において様々な価値や利害の対立・葛藤があったことはいうまでもない．戦後，経済学を基盤とするあるタイプの社会問題研究はこの大枠の中で，政治的価値の多元化，経済的豊かさの追求，村落共同体的秩序からの解放等々を自己の使命や課題と位置づけ，戦後日本社会の民主化と経済復興等に少なからぬ貢献を果たしてきた．

　社会学を基盤とする別のタイプの社会問題研究はこうした自由化の流れに批判的，ないし疑問の視線を投げかけていた．批判的社会学の精神を取り込んだ社会病理的研究や逸脱研究は，戦後日本社会においてやや楽観的に肯定され，様々な分野で押し進めら

れてきた民主化や自由化の進展を「社会的規制の弱体化」という視点から考察している．われわれは，ややもすれば見落とされ，あるいは軽視されがちなそれらのネガティブな側面をもう一度見直してみたい．

例えばひとつの有力な社会理論として社会的アノミー理論がある．アノミー論としてはR. K. マートンのそれが著名であるが，E. デュルケームやS. デ・グレージアのアノミー論も，マクロでロングレインジな視角を備え，オーソドックスな社会理論といえる．そしてこの両者のアノミー論の中核はまさに「社会的規制の弱体化」にある．

われわれは戦後，政治，宗教，道徳の領域に民主主義や思想・信条の自由が定着していくことのプラスの価値に目を奪われて，それらの分野に複数価値が同時並存することが引き起こす不安，緊張，不決断，不選択等の拡大がもたらすマイナスの側面を充分注視してきたであろうか．あるいは，経済の領域における欲望の解放が拝金主義や私化の蔓延をもたらしている事実も再検討してみる必要があるであろう[3]．

恥の文化の衰退も目にあまる．報恩の精神は廃れ，義理人情は紙よりも薄くなったといわれる．日本社会の封建遺制や絶対主義体制を払拭させた戦後の自由や平等の拡大の功績は小さくないが，今日その行き過ぎから，自由とわがまま，平等と努力放棄をはきちがえた恥知らずの人間が世の中を闊歩するようになってきている．

電車の座席で平然と化粧に熱中し，下着姿と見間違うほど肌を露出させて路上を闊歩する女性たち．お年寄りや障害者に席を譲

ることをしない若者たち．ごみのポイ捨ては日常茶飯事になっている．こうした社会道徳の衰退化は何も現代の若者に限ったことではない．かつて筆者は大学の大衆化に論及した際，学生の学力・人格・学歴というトライアングルの相関性が低下している事実を明らかにし，同時に学者においてもまた知力・人格・社会的貢献のトライアングルに同様な傾向がみられることを指摘した[4]．人を教え導くべき先生が生徒を強姦し，学者が論文捏造や剽窃をする．だが，道徳，倫理の弱体化と解体は教育界にとどまる話ではなく，それは社会の広範な領域に浸透してきている．警察官が強盗を働き，裁判官が買春を行う．政治家が収賄をし，日本を代表すると目される投資家たちが，経済犯罪の典型であるインサイダー取引によって巨額の黒い金を手に入れる．そして新聞，テレビは毎日のように殺人事件を報じる．親殺し・子殺しも珍しくなくなった．こうした恥知らずな人間が日本社会に増加しつつある側面も冷静に注視していく必要がある．

　以上，戦後社会における社会的規制の弱体化，恥の文化の衰退というテーマに沿って，現代社会の表層で垣間見られる現象群の一角をなぞってみた．果たしてこれらの諸現象はやがて泡粒のごとく消失していく現象なのか，それとも現代社会の基底にまで浸透している根深い病理現象なのだろうか．そのことを実証的に精査していく作業が社会病理研究者に求められていることもよく肝に銘じておく必要があろう．

第3節　日本文化の変質と断酒行動

　全断連では，酒害者は世間，社会，仲間，他者に対して断酒を誓う．世間の具体的存在である断酒会の他のメンバーたちに対して「私はこれからは酒を飲みません」と約束をする．ひとつのスタイルは週に複数回開催される断酒例会の開始時と終了時にいわば儀式的，慣例的に行われる．その場合あらかじめ用意された誓いの文章を朗読するスタイルもあるし，唱歌の形で行う場合もある．もうひとつは例会の中心的活動である自己の体験談を語る際の締めくくりとして，自分の責任において，自分の言葉で「明日からも一日断酒で頑張りますので宜しくお願いします」とメンバー全員の前で宣言するスタイルである．

　断酒会への入会者は，自分を断酒の道へ導いてくれた医師，ケースワーカー，看護師，保健士，断酒会の先輩たち，家族，親戚などに対し義理と恩を感じ断酒の約束を守ろうと努力する．約束を守れないことは恥である．約束を破れば，恥をかくという罰を受けることになる．こうした外面的制裁が飲酒を抑制する効果を持つことになる．

　日本社会においては，他者からの評価が重要な意味を持つ．誓いを守れない人間はダメな人間，劣った人間とみなされる．恥の文化は優劣原理に基盤をおき，人間および人間の行為を選別する[5]．

　これに対して，西洋流の断酒自助組織であるA・Aへの入会者は世間や仲間に対してではなく，神に対し「神様，私は今日か

らお酒は飲みません」と断酒を誓う．他人の目はごまかせても神の目はごまかせない．神は人間がどこにいようとも，何をしていようがすべてお見通しなのであり，神との誓いを破ることは罪を犯すことになる．神への誓いを破ることは悪であり，それを守れない人間は悪人なのである．その意味で，罪の文化は善悪原理に基づいて，人間および人間の行為を選別する．A・Aは全断連とは対照的に内面的制裁が持つ飲酒抑制効果に期待する．

ところで，日本の断酒運動は，最初A・Aの刺激や影響を受けて発足するのであるが，日本とアメリカの文化，思想，宗教等の相違から，運動を進める上で様々な障害が発生した．全断連の母体となった東京断酒新生会，および高知県断酒新生会ではA・Aを手本としながらも日本の文化や国民性に適合した日本的断酒運動のあり方を模索した．やがてA・A方式の中心原理である非組織，匿名，献金制の3原則を組織化，非匿名，会費制に変えることによって断酒運動を日本社会に根づかせることに成功する．[6]

現在，全断連は会員総数6万人を擁する日本最大の断酒自助組織に発展したが，その躍進のきっかけはA・Aの断酒方式を日本の文化と社会に馴染むように思い切って変更したところに求めることができる．

しかし今日全断連は考慮すべきいくつかの重要な課題を抱えているといわなければならない．本章の第1，2節で指摘してきたように，戦後日本の社会構造や文化構造は大きな変貌を遂げつつある．本章ではとりあえず，「高齢社会」の到来，社会的規制の弱体化傾向，恥の文化の変質といった変化を取り上げた．「高齢

社会」の到来が断酒行動に与える影響については次節以下において検討するが，本節では社会的規制の弱体化の進行およびそれと密接に関連して生じている恥の文化の変質が，今日の断酒行動にどのような影響をもたらしているのかについて論及しておくことにする．

　全断連が確立した断酒方式は昭和20年代から30年代初頭の日本の社会構造，文化構造に適合していた方式であった．下司孝麿医師と松村春繁会長がコンビを組んで活躍されていた時期の日本社会では，農山漁村地域を中心に村落共同体が残っており，都市近郊においても隣近所の絆が大きく弛緩する（ヒト関係よりモノ，カネ関係が優先する）のは昭和40年代後半以降，特に高度経済成長政策や日本列島改造計画が実施された以降のことである．つまりこの時期の日本社会では社会的規制力が今日と比べてはるかに強く働いており，恥の文化も報恩，義理・人情の意識とともに厳然と生きていたのである．この時期断酒会の中核は「妻あり中年男性タイプ」であり，社会復帰は家族共通の，あるいは家族上げての目標足りえた時代であった．

　こうした時代にあっては断酒を世間，仲間に誓うことが持つ重み，すなわち社会が持つ規制力，拘束力を多くの人びとが共感していたし，離婚も恥意識から完全に解放されてはいなかった．

　社会との約束の実効性が低下し始めたのは，モノ・カネ関係がヒト関係よりも優先されだした時期と一致する．多元的価値を前提とした成熟した大衆社会は必然的にある程度のアノミーを随伴せざるを得ない．社会との約束といっても「全体としての社会」ではなく「特定の価値を体現している部分社会」との約束という

性格を持つようになる．したがってそれだけ社会が持つ規制力や拘束力も部分化し弱体化せざるをえない．

価値の多元化が進んだ世間や仲間に断酒を誓ったとしても，社会の側からする規制効果にどれだけ期待できるか疑問視する医療関係者もいる．そしてこれまで全断連の方針に理解を示してきた医師たちの中にも，患者の個別的事情によっては断酒会にではなく，A・Aへの入会を勧める動きもみられるようになってきた．このことだけが原因ではないけれども，近年断酒会入会者数の頭打ち傾向がみられるのも事実である．

高度経済成長の成果の一部を庶民も享受できるようになった昭和50年代，日本社会にちょっとした旅行ブームが生まれた．このブームの中で，庶民の一般的行動原理は「旅の恥はかき捨て」であった．恥の文化の変化の兆しはすでにこの頃から顕著になりつつあった．現在は定めし「生活の恥はかき捨て」といったところであろうか．いずれの場合も「かき捨てる」点に問題があるが，恥を意識している点では若干の救いが残る．この先日本に，恥を恥と思わなくなる病理的社会が出現しないことを望まずにはいられない．

ところで，こうした恥の文化の弛緩，あるいは恥知らず文化の台頭は，酒害者が行う社会との断酒の約束行為に形骸化現象を引き起こしている．例えば酒害者が病院から退院する際，医師は患者に退院後断酒会に入るよう勧める．アルコール専門病院の場合にはそれを退院の条件とするところも多い．一日も早く退院を望む患者が大半であり，そのような勧めや条件にはいわば無条件で同意する．しかしそうした退院患者で実際に断酒会に入会するの

は半数程度であり，入会した患者で断酒例会に1年以上通い続けるのはさらにその半数程度に減少する．つまり，医師や断酒仲間への断酒の約束は実行されないケースの方が多いのが現実である．断酒の約束は退院や社会に出るための方便と化している．こうした患者の行為は刑務所入所者が入所期間中に早期の出所許可を獲得するため，所内優等生の役割を演ずるのと類似している．

　さて，こうした社会の変化を受けて，断酒会はどう対処すべきであろうか．確かに日本社会にはある種のアノミー状況，デ・グレージアのいう単純アノミーに似た状況が部分的には存在するし，恥知らずの人間が増加傾向にあるのも事実である．しかし「世間の目」的な社会規範は力を弱めつつあるとはいえ依然として残存している．したがって全断連が社会や仲間に対して断酒の約束をするという集団治療方針を放棄する必要は全くない．ただ，断酒会は世間との約束といった外部的規制の力に過度に期待をかけすぎることなく，代わりにその分を体験談の語りによる精神・心理的解放と浄化作用に重点を移すことが有効であろう．語ることによって心の内にたまっている毒や汚れを吐き出す作用をもっと工夫し練り上げていくことが肝要であろう．

　そして浄化の進んだ心の中に新しい生きがいや人生目標を打ち立て，それに向けて生活や行動を定位させていくこと，いわば内部的価値によって自分の行動と生活を規制していく方法を工夫していくことが全断連にとって大事なのではなかろうか．

第4節　高齢酒害者と回復への一般モデル

われわれは平成15年10月25日から平成16年2月16日までの期間に60歳以上の断酒会員2,792名，入通院者（非断酒会員）414名に対し「定年後の酒害」に関するアンケートならびにインタビュー調査を行った．断酒会員のアンケート回収率は58.2%（1,626サンプル），入通院者のそれは100%である．インタビューの対象者は断酒会員の本人16名，家族が2名，計18名である．調査結果の全体像や厳密な統計数値は別途出版されている報告書[7]に譲り，本節では今回筆者が主にかかわった高齢酒害者の回復過程に関する設問やインタビューから明らかになった知見をもとに，これまで筆者が行ってきた諸調査結果ならびに諸知見と一部比較しながら，質的な分析を中心に論述を進める．なお論述の便宜上，一部修正した一般モデル（25段階）を本節の末に記しておく．

知見1：単身酒害者の回復過程を酒害者の回復過程に関する社会学的一般モデルによって説明することは難しいが，高齢酒害者の回復過程の各段階（Step）は基本的には社会学的一般モデルによって説明できる．第4章で明らかにしたように一般モデルでは回復過程において家族の果たす役割が極めて大きい[8]．しかし単身酒害者に家族はいない．したがって単身酒害者の回復過程を説明するためには一般モデルとは別個のモデルを用意する必要があった[9]．

高齢酒害者の回復過程を一般モデルである程度まで説明するこ

とが可能であると主張する主な理由は，断酒会員である高齢酒害者の場合，妻との同居率が78%[10]と極めて高いからである．つまり妻の役割が大きな位置を占めている一般モデルは，その点で高齢酒害者分析に適合しているからである．通時的にみれば20年程前に断酒会の中核を担った〈中年妻ありタイプ〉層が，第1節で指摘した高齢化社会の流れに乗って（もちろん本人たちの心がけの良さも重なって）現在高齢酒害者に位置づけられているわけである．

入通院している高齢者（断酒に成功しきれていない患者）の場合は，妻との同居率は約4割であり，一般モデルよりは単身者モデルによる説明の方がより蓋然性が高いと考えられる（全断連 2004：7）．

知見2：高齢酒害者が断酒を決断するのは一般モデルのステップ（6）から（15）のいずれかの段階においてであり，そのうちのどの段階かは各人によって異なる．また決断を促すきっかけになる要因も人により異なる．このきっかけ要因は具体的な事件や出来事であることが多く，患者本人に対し強烈な衝撃を与えた体験として受け止められている．筆者らが行ったインタビュー調査で挙げられた当人にとっての衝撃的出来事の具体例を以下に列挙しておく．

1) アルコール専門病院の室内の様子を目にして
   （もう二度とこんなところには来たくないと思って）
2) 息子の急死
3) 酒で大怪我をして入院
4) 息子の涙を見て

5) 妻から離婚を迫られて
6) アルコール専門クリニックでのアルコール教育を受けて
7) 医師から説得されて
8) 断酒会員の再飲酒の体験談を聞いて
9) 断酒例会に出席し，そこで酒をやめている人たちを実際に目にして

知見3：断酒決断はきっかけ要因単独でなされるのではなく，全断連がベース（人間再生力）と呼ぶ力が上向きになってきているときに，何らかのきっかけ要因（衝撃的出来事，事件等）が引き金となって当人の決断を引き出すと考えられる．したがってベースが薄いと決断は継続しない．3日断酒で終わってしまう．このベースという全断連の独自概念を筆者の回復過程モデルに関連付けて補足すれば，「前向きに生きようとする」意志，意欲，価値態度そして力と言い換え可能である．人間観，生活観，人生観等に関してプラス志向（価値判断）がマイナス志向（価値判断）を上回ることを指していると考えてもよい．

そこでベースを厚くするにはどうしたらよいか．病院や保健所などの医療関係機関が行うアルコール教育に参加する機会を持つこと．アルコールについての科学的知識を身に付けるとともに，過剰飲酒の怖さを講話，書物，ビデオ等を通して学習すること．さらに家族や医師等とのコミュニケーションを密にし，アルコール依存症と一緒に闘う同志，支援仲間としての信頼関係を構築すること，そして何よりも実際に断酒例会に参加し，酒をやめ，前向きに生きている人の姿や生活を自分の目で確かめることである．こうしてベースを厚くしておけば，きっかけとなる出来事に

遭遇した場合，それが断酒決断につながる確率が高まるのである．

知見4：「底つき体験」と「ベース」の関係については，ベースが厚いほどどん底の深さは浅いことがわかった．逆にいえば，ベースが薄ければどん底は深くなる．ここでまた注釈をつけておこう．「底つき体験」とは酒害者が自分自身を眺めて，例えば「自分も落ちるところまで落ちてしまった」，「こんな自分は犬畜生と同じだ」「これ以上悪あがきしてもしょうがない」等々の心境になり，やけっぱちで投げやりな気持ちを立て直す転換点になる時点を「底」，あるいは「底をつく」という．例えば，プールで水遊びをしている情景を想像してみよう．ある人がやや深めのプールに飛び込んで底まで沈んだ後，プールの底を足で蹴って，勢いをつけて水面に浮上してくる様子を思い浮かべればわかりやすいだろうか．酒害者が落ち込むところまで落ち込んだ体験を経て立ち直ってくるプロセスを表現する概念である．プールの場合でも，底を足で蹴って浮上しないと勢いがつかない．酒害者も中途半端な落ち方に止まると，飲んだりやめたりを繰り返し，本格的な回復に向かわないケースが多い．

ベースが厚いほど底が浅いため，どん底は時間的に早く訪れる．したがってベースが厚いほど早く断酒決断が可能になる．高齢酒害者の場合，断酒歴が長いケースや，あるいは60歳までは普通の社会人としての経験の蓄積があるため，他のタイプと比べてベースが厚くなる．そのため底つき体験の底は浅くなる傾向がみられる．したがって反転が早く，早期回復へ向かう特徴がみられる．

知見5：きっかけ要因と継続要因の関係については次の事実が明らかになった．すなわち，「家族の涙」，「自分の大怪我」といった具体的きっかけ要因がベースの成長とあいまって断酒の決断をもたらすけれども，それだけでは断酒継続の要因にはならない．断酒決断が継続するためには，具体的きっかけ要因が普遍的，恒久的要因へ移行，ないし転化していかなければならない．すなわち息子の涙顔，妻の離婚要求，アルコール病棟の病人の姿といった具体的事柄を通して，自分という人間はどんな人間だったのかを振り返り，もっと人間らしく生きたい，生きなければならないという普遍的な願望につなげ，あるいは自分の大怪我や近親者の死という具体的体験を通して，命や健康の大切さを認識し，健康を取り戻したい，命を大事にしたいといった普遍性を持った動機に転化させることによって，一時的決断にとどまることのない，恒久的な断酒継続動機に昇華されていくのである．

こうした確固とした普遍的動機が形成されてはじめて，一般モデルにおける職場への復帰（ステップ16）や地域活動への参加（ステップ19）等が可能になるのである．

知見6：高齢酒害者のタイプの違いに応じて，それぞれの断酒きっかけ要因と断酒継続要因に特徴の違いがみられた．この知見を論じるためにまず高齢酒害者の3つのタイプについて説明しておこう．まず，①断酒会員である高齢酒害者と，②非断酒会員の高齢酒害者に分けられる．①は，さらに2つに分けられる．①-1：中年期（30〜50代）にアルコール依存症になり，断酒歴を重ねて今日高齢になっている酒害者．①-2：定年退職後にアルコール依存症になり，まだ断酒歴が浅い高齢酒害者である．これら両

タイプの出現には第1節で指摘した社会の高齢化が深く関係していることはすでにみたところである．知見6は①-1と①-2の違いに注目したものである．

最初に②の非断酒会員の高齢酒害者について述べておこう．彼らは現在アルコール専門病院に入院ないし通院中であり，断酒に成功していない．したがって彼らは断酒のきっかけ要因をつかめないでいるか，つかんでもベースが薄いために断酒継続ができないでいる．完全な「底打ち」体験をしておらず，飲んではやめ，やめては飲みし，病院を出入りしている，いわゆる回転ドア組である．したがってこのタイプは現在確固たる断酒継続要因（酒をやめ続ける普遍性のある動機）をつかんでいない．

さて，知見6の内容をみてみよう．①-1タイプを仮に断酒暦長タイプ，①-2を断酒歴短タイプと呼んでおこう．断酒歴長タイプの断酒きっかけ要因は「仕事を首になりたくない」「金を稼ぐため」「家族をまとめるため」といった対他的ないし外部志向的要因といえよう．そしてこのタイプの断酒継続要因は「自分にもプライドがある」「生きる意味をつかんだから」といった対自的ないし内部志向的要因とみることができる．

これに対して，断酒歴短タイプの断酒きっかけ要因は，「人間らしく生きたい」「健康になりたい」といった対自的ないし内部志向的要因であり，断酒継続要因は「地域や断酒会のために役立ちたい」「ボランティア活動が生きがい」といった対他的ないし外部志向的要因に基づいていて，ある意味で好対照を示している．

このことは断酒暦長タイプが断酒を始めた時期が一家の大黒柱

の時代であり,自分を含めて家族が食べていくためには「人間らしく健康に生きたい」といった,普遍的ではあるがある意味では高尚過ぎることを望んでいられない事情があった.やがて生活基盤の確保に見通しが出てきた段階で,自分の内面や人生の意味を見つめ考え直すといった経過をたどったからと考えられる.

これに対して,断酒歴短タイプは,基本的に定年退職後アルコール依存症になった人たちであり,彼らが断酒を始めた時期には,家族を守る最低限の義務は果たし終えていて,むしろ関心の焦点は,自分個人の余生をどう送るかに向けられていたと考えられる.そして酒を断ってみると,まだまだ自分には社会の中で果たせる役割が十分あることを再認識する経過をたどったからだと考えられる.

酒害者の回復過程に関する社会学的一般モデル(25段階)

(1) 間違った飲酒習慣の持続
(2) 家族(主に妻)・職場等身近な人間関係からの孤立
(3) 一般社会および身近な人たちからのマイナスイメージの付与
(4) マイナスの自己イメージの受容と深化
(5) アルコール依存の進行
(6) 医療・行政機関との接触
(7) 治療開始
(8) 医療・行政関係者による家族(主に妻)の説得
(9) 家族(主に妻)の理解と協力の確保(家族との人間関係の再構築)

(10) 家族（主に妻）による酒害者の受容
(11) 家族ぐるみの例会出席：主に妻同伴による例会出席
(12) 酒害者の不安の解消および安心の獲得
(13) 酒害者によるマイナス自己イメージの修正
(14) プラスの自己イメージの形成
(15) 酒害者の自信回復・アイデンティティの獲得
(16) 断酒継続
(17) 仕事への復帰の試み（職場における人間関係の再構築）
(18) 職場の同僚からの受容
(19) 地域活動への参加（地域社会における人間関係の再構築）
(20) 地域社会からの受容
(21) プラスの自己イメージの拡大
(22) 酒害相談への従事
(23) アルコール問題に関する教育・啓蒙活動の展開
（マスコミ，学校，行政関係者との社会関係の構築）
(24) 自己アイデンティティの確立
(25) アルコール依存症からの回復

（本モデルは第4章で提示した22段階のモデルを25段階に拡充し，11段階以下を修正および順序変更している）

第5節　高齢酒害者と回復への3位相

酒害者が回復過程において遭遇する重要な社会関係の位相には

小単位としての「家族」，中単位としての「職場・近隣」，そして，より大きな社会単位としての「マスコミ・文化・行政機関等」の3つがある．それぞれの位相における重要な社会関係を以下に具体的に挙げておこう．

第1位相（家族，断酒仲間との人間関係）
- 家族同伴による例会出席
- 先輩断酒会員の生活態度の模倣，学習
- 身近な人たちからの受容と認知

第2位相（病院，職場，地域社会との人間関係）
- リハビリテーション活動
- 仕事への復帰の試みと定着化
- 祭り，交通安全・防犯活動等，地域活動への参加と協力
- 職場・地域の人びとからの受容と認知

第3位相（マスコミ，学校，行政機関等との人間関係）
- 後輩会員の世話と指導
- 断酒会未加入酒害者およびその関係者との酒害相談
- アルコール問題に関する社会的啓蒙活動の展開
- 一般社会人からの理解と支援の獲得

なお，本節で述べる3つの位相と本章第4節で援用した一般モデルにおける25段階との対応関係は以下の通りである．

第1位相 → 1～11段階

第2位相 → 12～20段階

第3位相 → 21～25段階

かつてわれわれは単身酒害者と家族持ち酒害者の回復過程を位

相間の移行に注目することによって，表1のような知見を明らかにしてきた．すなわち，

知見1. 単身酒害者には第1位相にとどまる人が多いのに対して，家族持ち酒害者では第1位相にとどまる人は少数である．

知見2. 家族持ち酒害者の多くは第2位相へ移行するが，単身酒害者で第2位相へ移行するのは少数である．

知見3. 家族持ち酒害者の中の少数は第3位相へ移行するが，単身酒害者で第3位相へ移行するのはごくわずかに過ぎない．

表1：単身酒害者と家族持ち酒害者の位相間移行比較

位相＼酒害者タイプ	単身酒害者	家族持ち酒害者
第1位相	多数	少数
第2位相	少数	多数
第3位相	極少	少数

今回の高齢酒害者の断酒行動に関するインタビューおよびアンケート調査の結果から，回復過程における各位相間の移行について，現在暫定的総括の段階であるが，表2のような理論仮説を提示しておく．

表2:断酒会員高齢酒害者と非断酒会員高齢酒害者の位相間移行比較

位相＼タイプ	断酒会員 高齢酒害者	非断酒会員 高齢酒害者
第1位相	少数	多数
第2位相	少数	少数
第3位相	多数	極少

理論仮説1. 断酒会員である高齢酒害者で第1位相にとどまる人は少数である．これに対し，非断酒会員の高齢酒害者の多くは第1位相にとどまっている．

理論仮説2. 断酒会員である高齢酒害者で第2位相にとどまり，第3位相に移行できずにいる人は少数である．これに対し，非断酒会員の高齢酒害者で第1位相から第2位相に移行する人は少数である．

理論仮説3. 断酒会員である高齢酒害者で第3位相にまで移行していく人は多数である．これに対し，非断酒会員の高齢酒害者で第3位相にまで上りつめる人はごく少数である．

第1位相から第2,第3位相への移行は，通常酒害者の病気からの回復度を測る有力な指標として用いられる．われわれの位相分析の結果は，断酒のための日本的自助組織である全断連が主張してきた方針，すなわちアルコール依存症からの回復のためには1)家族の理解と協力を得ること，2)断酒会入会と例会出席する

ことの重要性を一定程度支持する結果となっている．

「高齢社会」の到来は，現段階においては単身酒害者の回復活動にとって厳しい条件として作用し，逆に自助組織に所属する高齢酒害者にはプラスの条件として作用していることが伺える．高齢化の進展は人生の持ち時間を長くしてくれた．そのことは家族ありタイプの酒害者や自助組織に属している酒害者にとって，病気からの回復，そして人間としての成長にプラスに作用している．

われわれは今後そうした恩恵が単身酒害者や組織に属さない酒害者にも波及可能な方策を考える必要がある．

【注】

1) 池田勝徳『21世紀高齢社会とボランティア活動』ミネルヴァ書房 2004, 3頁．
2) 小田利勝「高齢化」矢島正見・井上實編著『生活問題の社会学』学文社 1995, 210-230頁．
3) 畠中宗一『自立と甘えの社会学』世界思想社 2002, 7-9頁．
4) 松下武志「社会病理学の回顧と展望」『現代の社会病理 第20号』日本社会病理学会 2005, 112頁．
5) 作田啓一『恥の文化再考』筑摩書房 1967, 19頁．
6) 『躍進する全断連』全日本断酒連盟 2002, 2頁．
7) 『高齢者のための酒害予防研究報告書―定年後の酒害予防に関する研究―』全日本断酒連盟 2004, 1-76頁．
8) 松下武志「日本における酒害者の「イメージ」と「自立」『社会学論叢 No.145』日本大学社会学会 2002, 35-36頁．
9) 松下武志「単身酒害者における回復活動の歴史と現状」『社会学論叢 No.149』日本大学社会学会 2004, 32-33頁．
10) 全日本断酒連盟，前掲書，7頁．

【参考文献】

De Grazia, Sebastin, *The Political Community*. Chicago : University of Chicago Press, 1948.（佐藤智雄訳『疎外と連帯』勁草

書房　1966)

Ruth Benedict, *The chrysanthemum and the sword*, Boston : The Riverside Press, 1946.（長谷川松治訳『菊と刀』（上・下）社会思想社　1966)

金子勇『地域福祉社会学』ミネルヴァ書房　1997．

国立社会保障・人口問題研究所『人口統計資料集』2006．

田代国次郎『高齢者福祉の諸問題』相川書房　1994．

米川茂信『社会的アノミーの研究』学文社　1987．

○──────○ あとがき ○──────○

　本書をまとめるにあたって，多くの断酒会関係者から教えを受けた．医療関係者では，市川正浩，今道裕之，小野昌也，小杉好弘，杉浦勝，長尾澄雄，中田陽造，橋本隆，広兼明，福田武雄，柳田公祐，和気隆三の諸先生方から，その著作や講演，面談等を通してアルコール依存症の医学的知識を教授いただいた．

　全断連関係者では，大野徹，井原利，橋本勝之，三田義久の歴代理事長はじめ岩崎広明，小林哲夫，菅原春雄，中村正夫の各理事から全断連の歴史，理念，現状と課題等について教えていただくとともに，意識調査のための対象組織やインフォーマントの紹介をいただいた．

　また全断連事務局スタッフの田所溢圧，萩山浩太郎の両氏には各種関係資料を提供いただいた．論文に登場してもらった個々の断酒会員の方々には忙しい中を，たびたびインタビューに応じていただいた．これらすべての方々に心からお礼を申し上げたい．

　現在の全断連は私が調査をした人たちよりはもう一回り若い世代がその実質的な担い手として成長しつつある．個々の名前を挙げることはしないが，調査当時，一会員としてインタビューに応じていただいた人たちも，今ではその多くが各地域のリーダーとして後輩会員たちの指導や地域の酒害相談にあたるようになっている．こうしたことを私はとても嬉しく，また誇りに思っている．

　さらに清水新二奈良女子大学教授にはご著書はもとより，直接対話を通してもアルコール問題やアルコール依存症への社会学的

なアプローチの仕方についてご指導いただいた．改めて感謝申し上げたい．

本書は，私がこれまで発表してきた酒害者関係の諸論文の中から，比較的最近のものをいくつか選び一部修正，加筆して収録したものである．

本書に収録した諸論文の初出題名，掲載誌名，および発表年月日等は以下の通りである．

第1章 「今日の断酒会活動における若干の課題」 東北社会学研究会編 『社会学研究』第55号 1990年 137-154頁．

第2章 「自助集団の分化と統合…宮城県青葉断酒会のケース…」『京都教育大学紀要』Vol. 90 1997 213-223頁．

第3章 「現代日本におけるアメシスト研究の動向」『京都教育大学紀要』Vol. 95 1998 103-114頁．

第4章 「アルコール依存症者の「イメージ」と「自立」の問題」 日本大学社会学会編『社会学論叢』第145号 2002 29-48頁．

第5章 「アルコール依存症者」畠中宗一編『自立と甘えの社会学』世界思想社 2002 117-140頁．

第6章 「単身アルコール依存症者における回復活動の歴史と現状」日本大学社会学会編『社会学論叢』第149号 2004 19-35頁．

第7章 「社会病理と政策」松下武志・米川茂信・宝月誠編『社会病理学の基礎理論』（社会病理学講座第1巻）学文社 2004 213-231頁．

第8章 「高齢社会とアルコール依存症」日本大学社会学会編『社会学論叢』第157号 2006 1-17頁．

学文社社長田中千津子氏には，私が研究者として船出したばかりの頃，清田勝彦・増田周二・坂田義教の各氏と一緒に書いた『現代社会への病理学的接近』（学文社，1982）の出版に際し，お世話になって以来，その後の研究活動を暖かく見守って頂いている．この度も私の拙い研究成果の出版を快く引き受けていただいた．あつく御礼申し上げる次第である．

2007年1月4日

　　　　　　　　　　　　　　　　　　　　　　松下　武志

事項・人名索引

ア 行

アダルトチルドレン…………54
アノミー ………………155, 157
アノミー論 ………………151
アメシスト……………11, 126
アルコール依存症 …………2
アルコール依存症者 …………i
アルコール政策 …………135
アルコール・ミーティング…45
アルコール問題議員懇談会
　………………………141
アルコール問題議員連盟 …142
今井澄 …………………141
飲酒運転追放パレード………69
飲酒機会 ……………47, 49
飲酒習慣……………77, 103, 130
飲酒問題………………50, 53, 61
飲酒歴 ………………46, 120
A・A ………………………2, 153
援助活動 ………………4, 67, 92
援助行動 …………………6
大野徹………………………7, 34

カ 行

回転ドア現象 ……………114
回復過程……………………73
回復活動 ………2, 113, 123, 168
開放原理 ………7, 8, 12, 98, 105
開放性 ……………………1, 11, 38
過剰飲酒………93, 104, 144, 160

家族会…………………30, 117
家族ぐるみの治療 ………116
家族ぐるみの病気
　………………13, 16, 101, 113
家族ぐるみの例会出席
　………………14, 19, 77, 165
家族ストレス……………………53
家庭内暴力……………………55
過同調 ……………………108
空の巣症候群……………62, 107
キッチン・ドリンカー …47, 51
禁酒政策 …………………144
禁酒文化……………………48
禁酒法 ……………………144
グループ・シングル …116, 131
下司孝麿……………………155
経済的自立 ………………71, 72
公開原理……………………12
公開性 ………………1, 11, 12
高齢化社会 ……………148, 159
高齢社会 ………………148, 154
高齢酒害者 ………………147
個人主義的価値観
　……………15, 97, 102, 107

サ 行

再飲酒 ………108, 115, 132, 160
斎藤学……………………23, 46, 50
差別………………………84
差別意識……………………25

自己アイデンティティ
　…………67, 77, 92, 129, 131
自助集団……………………23
自助組織　………………………2
清水新二………………2, 23, 135
社会学的モデル……67, 76, 129
社会学的修正モデル………130
社会規範の弱体化…………147
社会的規制　…………………151
社会的偏見………8, 88, 99, 123
社会道徳の衰退化…………152
社会復帰…………………4, 155
習慣飲酒…………………50, 62
酒害者………………………………2
酒害相談……1, 79, 87, 122, 165
酒害体験……………26, 100, 105
酒害の社会的責任……………13
酒販者の社会的責任………140
酒類自動販売機撤去問題
　………………………135, 142
酒類販売管理者制度………140
女性酒害者……………………11
自立活動支援者……………130
シングル……………………111
身体的自立……………………70
摂食障害……………………52, 55
全断連…………………………1
底つき体験………………… 161

タ　行

断酒会……………………………1
断酒会活動……………………10
断酒経験…………12, 78, 106
断酒継続………………………11

断酒継続動機………………162
断酒原理………………………2
断酒行動……103, 147, 155, 167
断酒失敗……………………27
断酒新生……………………69
断酒生活……15, 71, 80, 90, 120
断酒対策………………………1
断酒率……………………14, 114
断酒例会………………………7
断酒歴…………………………9
単純アノミー……………… 157
単身酒害者…………………111
地域リーダー………………10
超高齢化社会……………… 149
罪の文化……………………154
デ・グレージア………151, 157
土居健郎……………………100
道徳的十字軍…………136, 144
匿名原理……………………1, 7, 12
匿名性………………9, 12, 100
戸塚進也……………………127
都道府県断酒会………1, 11, 106

ナ　行

人間再生力…………………160
信田さよ子………………52, 54

ハ　行

恥の文化……………147, 156
畠中宗一……………………100
波田あい子…………2, 48, 52
病院内断酒会………11, 37, 106
病院内例会………37, 115, 124
笛を吹く者たち……………136

プライバシー ………9, 100, 105
プラスイメージ …………68, 74
閉鎖性 ………………………11, 38
ホームレス……98, 112, 121, 133
ホームレス単身酒害者 ……113
本人会………………………………11

マ 行

マイナスイメージ
　……………67, 74, 88, 130, 164
松村春繁 …………………7, 155
マートン, R. K. ………39, 151

無批判的同調……………97, 108
盲目的服従………………97, 108

ヤ 行

薬物依存……………………………55

ラ 行

例会 ………………………………153
例会活動……………………35, 106
例会出席………77, 132, 165, 168
レッテル張り………………7, 79

著者紹介

松下　武志（まつした　たけし）
1944年　宮城県生まれ
1971年　東北大学大学院文学研究科・博士課程単位取得満期退学
　　　　東北大学助手，山口大学講師・助教授，島根大学助教授，
　　　　京都教育大学教授を経て
現　職　日本大学教授
　　　　京都教育大学名誉教授
　　　　元日本社会病理学会会長

主　著　『現代社会への病理学的接近』（共著，学文社，1982年）
　　　　『社会病理学の基礎理論』（編著，学文社，2004年）
　　　　その他論文多数

酒害者と回復活動

2007年3月20日　第1版第1刷発行
2011年3月30日　第1版第2刷発行

著　者　松下　武志
発行所　株式会社　学文社
発行者　田中　千津子

〒153-0064　東京都目黒区下目黒3-6-1
ISBN 978-4-7620-1671-4　Tel.03-3715-1501　Fax.03-3715-2012

©2007 MATSUSHITA Takeshi　Printed in Japan
乱丁・落丁本は，本社にてお取替致します。　　http://www.gakubunsha.com
定価は，カバー，売上カードに表示してあります。　〈検印省略〉　印刷／中央印刷㈱